Ny Bevidsthed

Ny Virkelighed

- *bag de fysiske slør*

Ny Bevidsthed

Ny Virkelighed

- *bag de fysiske slør*

Med meditative energiøvelser

Elsebeth Karsholt

Ny Bevidsthed - Ny Virkelighed

copyright © 2024 Elsebeth Karsholt
1. udgave, 1. oplag
ekarsholt@gmail.com

Forlag: BoD • Books on Demand GmbH, In de Tarpen 42,
22848 Norderstedt, Tyskland
Tryk: Libri Plureos GmbH, Friedensallee 273, 22763
Hamborg, Tyskland
Omslag og Layout: Jørgen Finnemann
ISBN: 978-87-4305-818-2

Af samme forfatter:

Vores Guddommelige Krop, Sundhed og Helhed
En brugsbog med energiøvelser og bevidsthedstræning
Forlaget Books on Demand, bod.dk

I looked in temples,
churches and mosques.
But I found the Divine
within my heart

Rumi

INDHOLDSFORTEGNELSE

Forord

Denne bog er skrevet i den ny tids ånd. Det er en bevidsthed, som langsomt vokser i menneskehedens kollektive energi, og som mange åndeligt søgende og spirituelt interesserede er i gang med at gøre til erfaret virkelighed.

Det er den livgivende baggrund for denne bog. Nu er tiden kommet, hvor den nye bevidsthed skal virkeliggøres på et langt mere alment niveau. Det er dèt paradigmeskifte, der gemmer sig bag de kriser, som jorden gennemgår i disse årtier. Kriserne tydeliggør behovet for forandringer. Og forandringerne kræver, at vores bevidsthed løftes både individuelt og kollektivt.

Vi er mange, der er formidlere af den nye bevidsthed. Åndelige hjælpere har i århundreder ja, årtusinder forberedt overgangen til den nye bevidsthed, der skal løfte jordens bevidsthed. Og åndelige mestre har til alle tider gået på vejen.

Bogen handler om dette bevidsthedsskifte, som mange allerede så tydeligt mærker. Den rummer øvelser, der åbner for en dybere integrering af de nye bevidsthedsenergier, og bogen vil give en forståelse af den åndelige dimensions tilstedeværelse i den store proces, der bliver så skelsættende for jorden.

Vi lever i en overgangsfase mellem en gammel forståelsesform og den nye, som pibler frem i mange sammenhænge. Det er et samarbejde, der gør denne overgang mulig. Et samarbejde mellem os på jorden, hjælpere fra den åndelige verden og nye bevidsthedsstrømme fra universet. Hele vores kendte univers er involveret i arbejdet, mængder af opmærksomhed strømmer til jorden for at løfte og hjælpe jorden til det nye bevidsthedsskifte.

For vores omgivne univers er det en opløftende og central opgave. Jordens placering i universet er unik. Et vigtigt perspektiv bag jordens skabelse er - var et eksperiment, hvor det enkelte individ skulle udvikle exceptionelt individuelle evner og en fri vilje. Det er i det lys, jordens udviklingsproces skal ses både for os som individuelle personer og for jorden som en kollektiv organisme.

Igennem jordens udvikling har der været store og voldsomme perioder, hvor krige, hungersnød og elendighed har været fremherskende. Jorden er stadigvæk i en turbulent fase, om end der er mere ro og fred mange steder, men der er stadigvæk krig og globale kriser. Vi må nu som menneskehed og enkeltindivider træffe andre valg, hvor vi skaber ydre som indre fred og balance.

Det er tid til at jordens udviklingsproces intensiveres, der er et stort kald fra jordens hjælpere og fra universet. Tiden er til, at nyorienteringen tager fart, det gamle udtjente skal slippes. Gamle strukturer, gamle organisationsformer indenfor ledelse, regeringer, banker, kapitalinteresser mm. skal omorganiseres, og vi skal finde nye livsformer, som i højere grad er i overensstemmelse med en ny tids energi og åndelige forståelse. Og vi skal hver især finde vores indre forbindelse til vores højere bevidstheds kvaliteter.

Jorden ER parat til at tage et nyt skridt i sin udviklingsproces, og vi er alle medskabere i denne proces.

Bogens første kapitel beskriver den mere teoretiske baggrund for min forståelse af den nye bevidsthed. I de følgende kapitler forsøger jeg at udfolde, hvordan det opleves at være, sanse, forstå - leve den nye bevidsthed, og hvordan det åbner til en ny virkelighed. Kapitlerne behøver ikke nødvendigvis at blive læst kronologisk. Øvelserne er til genbrug og tænkt som inspiration til egen videre fordybelse.

Det har været svært at undgå gentagelser, alt handler om at nærme sig oplevelsen af enhedsbevidsthed og samhørighed. Det er bogens fokus, det er det centrum, som bogens inspiration udspringer fra, og derfra strømmer ordene.

Rigtig god læselyst ❤️

1. Den Nye Bevidsthed

Indledning

Det overordnede tema for bogen er den nye bevidsthed. Hvordan udtrykker den sig, hvordan kan den blive integreret. Der skrives meget om det i disse år. Og det er opløftende, at så mange har fokus på at formidle omkring denne proces. Mit udgangspunkt er at se ind i den nye bevidstheds karakteristika, og hvordan vi som mennesker kan åbne til de enorme potentialer, som ligger gemt i vores egen bevidsthed.

Forudsætningen er, at vi formår at forbinde os med vores egen højere bevidsthed, som et udtryk for det, jeg kalder den nye bevidsthed.

Det er vejen til det egentlige menneske, som Martinus[1] kaldte det. I hans forståelse er vi som menneskehed på vej til at forlade dyreriget og bevæge os hen imod det egentlige menneskerige. Jesus er billedet på mennesket skabt i "Guds Billede", mennesket, der bliver forløst og overstrålet af Kristusenergien. Vi er alle på vejen, hvor vi skal alle integrere vores højere sjælskvaliteter og åndelige dimension.

Det er et stort spring for mange at mærke den storhed, vi er udspringer af. En storhed, som ofte bliver klemt og slugt af dagligdagens rutiner og travlhed. Ofte ligger også en forståelig angst for ikke at gøre sig "stor", men storheden er vores DNA, og den kan erkendes med en følelse af upersonlig glæde, der ikke giver til jeget og personligheden.

Mange søger mod et mere åndeligt verdensbillede, ikke som det fremstilles i religionerne, men i en mere indre oplevet kontakt til det, der er "større". Længslen efter at mærke "suset", når noget "stort" griber ind i vores liv, er til stede hos mange. Der er grobund for den spirituelle søgen i denne tid, hjælpeenergierne fra åndelig side er stærke og inspirerende. Og uden denne hjælp fra åndelige side, ville jeg ikke kunne skrive denne bog.

 Den viden, der bliver fremlagt i bogen, kommer fra mine åndelige hjælpekilder. Det er en bog, der skal læses med hjertet og en

---

[1] Martinus 1890-1981 var en dansk åndsforsker. Som 30-årig fik han en stærk åndelig åbning, der blev starten på et omfattende forfatterskab, hvor han udarbejdede sin kosmologi. Der ligger meget materiale med ham og om ham på YouTube.

visionær inspiration, ikke så meget med den logiske hjerne. Og det er mit håb, at energien bag ordene kan mærkes.

Hjælpere i den åndelige verden ønsker inderligt og mere end nogensinde at formidle indsigter til jorden. De er utrættelige i deres vilje til at inspirere en søgen ind i den indre verdens mangfoldige og magiske verden. For at komme i kontakt med denne verden kræves en inderlig længsel og en tålmodig søgen. Det helt afgørende er hjertets vilje til at åbne sig, til at overgive sig til det "store". Når hjertet åbner sig, starter en stærk og vedvarende proces, der vækker os energetisk. Det er den første stærke indføring ind i en dybere spirituel åbningsproces.

Hjertet er det primære organ for åndelig søgen. Det er her, vi bliver inspireret igennem følelsen af samhørighed. Den indre verdens storhed vil åbne sig, for nogle med stærke oplevelser, visioner, klarfølelse, klarsyn til følge. Det er en revolution for alle at mærke det. En stærk og ophøjet rejse er startet, og der er åbnet en kontakt til vores eget højere bevidstheds potentiale. Nye døre vil til stadighed åbne sig i denne søgen. Vores største og vigtigste rejse er begyndt, rejsen til vores sjæl.

I de efterfølgende afsnit vil jeg forsøge at beskrive, hvordan vores virkelighedsopfattelse ændrer sig, når vi begynder at opleve og forstå fra hjertet. Perspektivet ændrer sig og vi ser sammenhænge, som vi med vores hjerneforstand kan have svært ved at rumme. Der åbner sig et nyt bevidsthedsfokus, som ikke er underlagt de 3-dimensionelle begrænsninger. Vi begynder at se os selv i et helt nyt lys, og vores omverden skifter karakter, der åbnes til højere sanseevner, som i langt højere grad ser eller mærker det fysiske stofs æteriske energiformer.

Det bliver tydeligt, at ånd og stof er uløseligt forbundet. Alt fysisk har også en åndelig fremtrædelsesform. Og ALT har bevidsthed, Alt ER bevidsthed. Alt bliver levende, og vi er i energetisk forbindelse med alt – sole, måner, stjerner, dyr, planter, elementerne, for slet ikke at tale om andre mennesker. Vi er en levende del af hinanden, og vi påvirker og påvirkes af hinanden.

Den nye bevidsthed åbner for oplevelsen og forståelsen af altings enhed. Det er med hjertet i centrum, at vi mærker denne samhørighed og forstår livet som en levende enhed. Men først vil jeg beskrive den bevidsthedsmodel, som er mit grundlag for forståelsen af den nye bevidsthed.

En Bevidsthedsmodel

Jeg har forsøgt at tegne en bevidsthedsmodel. Den er naturligvis stærkt forenklet og skematisk. Du må forestille dig en multidimensionel[2] kugle hvor alt er i en hvirvlende energetisk kontakt.

Modellen er en template, en struktur, som gennemtrænger universet, fra den enkelte celle til de store sole og planeter.

Jeg håber modellen kan hjælpe til en forståelse af, hvordan vores bevidsthed hele tiden arbejder og relaterer til forskellige bevidsthedslag og felter. Vi er i en uløselig kontakt med alle niveauer, men vi er som regel begrænset i vores evne til at være i kontakt med hele vores bevidsthedsvæsen.

---

[2] Se afsnittet Det Multidimensionelle Menneske i kap.5

Det afgørende er, hvor vores bevidstheds opmærksomhed fokuseres hen. Det er afgørende for den frekvens, det udtryk for liv, som bevidstheden repræsenterer og udtrykker. Det er det, vi oplever med vores sanser.

Denne model er den teoretiske baggrund for at forstå de forandringer, mange oplever i deres spirituelle liv. Vi er i en tid med stor intensiveret aktivitet og forandring. Der åbnes for en større indstrømning og kontakt til de ikke-fysiske, energifyldte bevidsthedsnivauer.

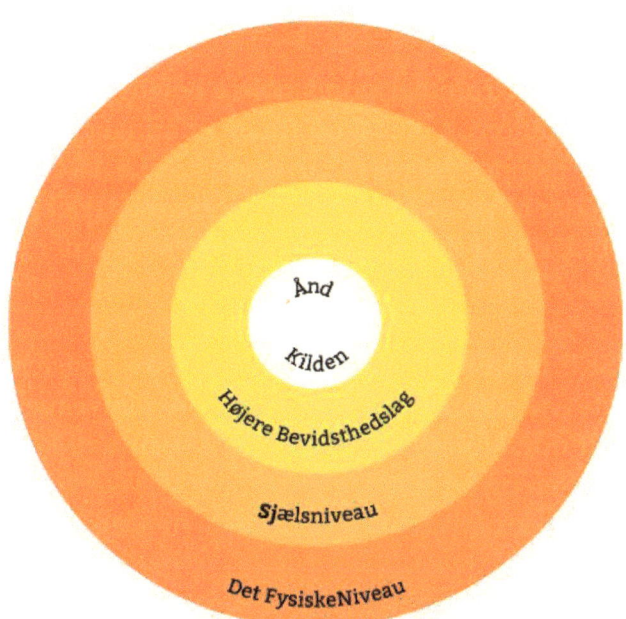

Der er glidende overgange mellem de forskellige lag i modellen, og der er højere og højere energifrekvens ind mod centrum. Alle lagene rummer et spektrum af frekvenser. Overgangene omtales også som en bevægelse fra de tungeste dimensionslag, fra 3d til 5d og videre fremad. Vi bevæger os nu kollektivt set fra 3d til 5d.

CENTRUM er udenfor energi og frekvens, dette niveau er kilden til alt liv.

DET HØJERE BEVIDSTHEDSLAG beskriver de højt vibrerende felter, som vi når i de højeste meditationstilstande eller lignende. De skaber stor klarhed, lykkefølelse og gyldne øjeblikke. De er upersonlige, og de er skabende vækstlag.

SJÆLSNIVEAUET rummer vores højere bevidsthed. Det er der, vi henter inspiration og overskud fra de erfaringer og den viden, vi har samlet igennem vores inkarnationsrække. Det rummer de højeste aspekter af vores personlige energivæsen. Det er den verden, vi lever i, når vi dør. Og det er her, vi forbereder nye liv på jorden.

DET FYSISKE NIVEAU rummer vores fysiske eksistens. Det er den tungeste energiform. Hvor de andre energiniveauer er æteriske eller helt uden for energi, er det fysiske niveau kendetegnet af tyngdekraften og en stoflig masse. Som fysiske væsener er de fleste af os primært fokuseret ind på dette niveau.

Bogens tema, den nye bevidsthed, åbner op til en integration af de forskellige niveauer. En åbning, der strømmer både indad og udad. Fra den inderste cellebevidsthed og udad, og indad fra vores kosmiske og højere bevidsthedslag ind i det fysiske

Fra det fysiske niveau åbner vi, igennem vores spirituelle udvikling, til en integration med de højere frekvente energilag. Vores perspektiv og identitet flyttes fra vores fysiske eksistens, og vi bliver i stand til at rumme en større del af vores energivæsen. Det er den udvikling, der i de kommende mange år vil skabe store forandringer på jorden.

Modellen er "tørt" stof, den er tænkt som et forsøg på at give et overblik over de grundforståelser, jeg har. I de følgende kapitler udfolder jeg begreberne i en mere flydende og levende form.

2. Hjertets Magi

Hjertekompas

Uden hjerternes åbning, forstået både individuelt som kollektivt, vil det nye bevidsthedsskifte ikke kunne manifestere sig på jorden.

Hjertet er det kompas, som den nye jord skal skabes ud fra. Når hjerterne vækkes i mennesker, sker der banebrydende forandringer i vores måde at være i verden på. Nye kvaliteter vil styre vores liv, og det er de kvaliteter, den nye jord skal bygges på. Vi kan ikke kun tænke os til de nødvendige forandringer, som jorden har brug for. Her kan det være naturligt at tænke på Einsteins kloge ord "et problem kan ikke løses på det niveau, hvor det er skabt". Naturligvis skal vi også bruge vores tankekraft, vores mentale intelligens til at udvikle nye løsninger som svar på jordens udfordringer, gerne inspireret af vores visionære indre. Men forandringerne skal have et dybere fundament, nemlig et bevidsthedsskifte, hvor de højere hjertekvaliteter tager over. Det er udviklingsrejsen for den enkelte og for menneskeheden som helhed.

Hjertet er det mest dyrebare for et menneske. Det er afgørende for vores fysiske liv, holder det op med at slå, dør vi. Men hjertet er også afgørende på det ikke-fysiske plan. Det er i sin energiform en lotusformet energi, der langsomt med vores udvikling udfolder sine lotusblade, for til sidst at være helt udfoldet, og dermed er vi udfoldet som de kosmiske væsner, som vi er i vores grundessens.

Hjerteenergien forbinder sig med de andre chakraer, og når det sker, vibrerer alle chakraer i en fælles rytme. Er der blokereringer og rytmeforstyrrelser i dette flow, vil vi blive påvirket, og hele kroppens energi vil blive forstyrret. Hjertechakraet optager æterisk livsenergi fra solen, og det er i en stadig udveksling med energier fra vores omgivelser både de nære - andre mennesker, dyr, planter mm. Og det er i kontakt med indstrømninger fra universet.

Jo mere vi bliver integreret med vores egen åndsenergi, jo mere vil hele vores chakrasystem vibrere i en fælles stærk rytme, der vibrerer i kontakt med vores højere bevidsthedsenergi. Så nærmer vi os den tilstand, hvor vi kun har èt stort chakra, vores krop er et stort lysende chakra.

Fra åndelig side arbejdes der stærkt på, at vi får udrenset emotionelle ubalancer, som ofte knytter sig til solar-plexus chakraet.

Når udrenselsen er tilstrækkelig dybtgående, vil hjerte og solarplexus smelte sammen til et stort kraftfuldt chakra., som med tiden forbinder sig til den højst vibrerende del af hjertet, "det højere hjerte". Det er her, der knyttes den direkte kontakt til den enkeltes indre guddommelige gnist, det guddommelige jeg.

Det højere hjerte er forbundet med de allersmukkeste og mest ophøjede følelser, som vi kender – stor taknemmelighed, ærbødighed, overgivelse, tilgivelse, at se en bror og søster i alt levende, følelsen af en dyb forbindelse og samhørighed med Alt.

Fra det højere hjerte åbnes til det kosmiske rum, som til alle tider har været det dybeste og mest dyrebare i mennesket. Igennem det højere hjerte går vejen mod guddommelighed. Når først hjertechakraet lyser med fuld styrke, vil den højere bevidsthedsenergi blive integreret og manifesteret i vores fysiske liv og udstråling.

Der er mange udfordringer der skal takles, før vi når denne gennemlysning. Forhindringerne, der skal overvindes er egoisme, selviskhed, grådighed, manglende empati mm. - alle vores skyggesider. Men hjælpen er lige om hjørnet, når vi åbner hjertet strømmer kærlighedsfyldt energi ind i os, og den stimulerer de højere følelsesaspekter. Og jo mere hjertet åbner sig, jo mere vil vi integrere vores højere selv.

Øvelser kan være et godt redskab til at skabe en dybere kontakt med hjerteenergien. Her er en kraftfuld øvelse, der stimulerer en dybere kontakt med det Højere Hjertes kvaliteter.

Øvelse 1 Hjerteåbning

1. Du ånder dybt og vedvarende ind og ud, og du får god kontakt ind i kroppen. Vigtigt at mærke hele kroppen.

2. Du lægger hånden på dit hjerteområde, og du mærker, hvordan der kommer en udveksling i gang imellem håndens chakra og hjertechakraet. Det er, som om de aktiverer hinanden. Du sidder et stykke tid og mærker, hvordan energien intensiveres.

3. Mærk, hvordan du nu har skabt et felt af strømmende energi omkring dit hjerte. Hele området bliver belivet, måske oplever du, at følelser melder sig. Vær i dem som en smuk gestus fra din højere bevidsthed – en smuk vibrerende energi fra højeste sted.

4. Du mærker nu, hvordan hjerteenergien udvider sig og fylder mere og mere i rummet omkring dig, dens felt bliver større og større.

5. Er der nogen eller noget, du har lyst til at nå med din hjerteenergi, så indhyld dem ind i energien, samtidig med at du oplever, hvordan du er gennemstrømmet.

6. Til sidst fjerner du hånden og vender med tak i hjertet tilbage til din normaltilstand.

Det interessante ved hjerte energien er jo, at den bliver større ved at blive delt. Det gælder alle de højt vibrerende følelser – medfølelse, taknemmelighed, uselviskhed for ikke at tale om kærlighed.

Jo mere disse smukke følelser strømmer i os, jo mere vil vi sprede, dele dem og selv modtage. Det er en smuk åndelig logik. Jo mere vi mærker disse følelser i os, jo mere vil vores hjertelotus åbne sine blade, og jo mere vil vi blive knyttet ind til de højere verdener, hvor disse energier er den altid eksisterende klangbund for alt arbejde og væren.

Hvis vi som menneskehed skal åbne til større ansvarlighed og menneskelighed i forhold til vores klode og alle væseners velbefindende og vækst, kræver det at hjertet åbnes, så vi kan mærke og føle med andre. Mærke deres lidelser, også deres glæde - mærke slægtskabet. Empatien bliver et kompas. Den skal være pejlemærke for kommende samfundsforandringer og kriseløsninger, og ikke kalkuler og mentale forestillinger.

Hjertets visdom skal være den vigtigste vejviser i vores liv, den skaber indsigt og viden på et højere plan. Den skaber en dyb indre viden, som er så vigtig i udfoldelsen af vores eget liv. I vores spirituelle udvikling er hjertet den vigtigste faktor, faktisk skaber hjertefeltet også energetisk det stærkeste udstrålingsfelt omkring kroppen[3]. Det nye bevidsthedsskifte betyder et skifte fra at være centreret i hjernen og dens formåen til at være centreret i hjertet og i dets visdom.

Visionen er, at se en menneskehed, hvor alle lyser i en smuk fælles bevidsthed, og hvor alle mærker følelsen af enhed og kærlighedsfyldt væren.

---

[3] HearthMath Institute har i mange år forsket i hjertets kapacitet bl.a. dets evne til at påvirke vores hjernes funktioner.

Vores højere sanseevner

Når hjertet åbnes og hele vores chakra system vibrerer med højere frekvens, åbner vi til nye sanser. Det er sanseevner, der er knyttet til de 3 højeste chakraer. Vi begynder at fornemme den æteriske verden. Det er de fint vibrerende energier af åndelig karakter, der er indlejret i det fysiske stof. Vi begynder at se, hvordan vores verden både har en fysisk og en åndelig form. Vi bliver lige pludselig spændt ud mellem disse to oplevelsesformer, hvor den åndelige verdens eksistens bliver tydelig og nærværende.

Livet skifter fokus, og vi ser, at livet er langt mere mangfoldigt, end vi troede. Den direkte kontakt til vores åndelige udgangspunkt giver nye indgange til at forstå vores krop, vores jord ja, hele universet.

I denne bog kigger vi på livet med de nye æteriske øjne, der bliver almindelige med det nye bevidsthedsskifte. Det giver et nyt og andet indblik på vores livs fænomener, og vi vil forstå nye sammenhænge. Livet bliver magisk og forunderligt med de nye briller, og det er underkastet en helt anden logik end den, vi er vant til fra den fysiske verden.

Selvfølgelig skal vi stadigvæk bruge vores normale briller, men ved at supplere dem med de nye æteriske, får vi en større helhedsfornemmelse af vores komplekse verden. En af bogens formål er at træne dette nye syn på verden, åbne til de højere sanseevner.

3. Kærlighed

Essensen i den nye strøm er en udvikling af kærlighedsevnen. Kærlighed må forstås som en levende grundlæggende kraft i al skabelse. Det ER udviklingens kilde og det grundlæggende strukturerende princip i universet. Vi må forstå, hvordan alt starter med kærlighed, og faktisk slutter det aldrig. Det er et perspektiv med evigheds karakter.

Kærlighed kan forstås på mange niveauer. Fra forelskelsens kærlighed, mor-barn kærlighed, kærlighed i venskabsforhold og til de store omvæltende transformationer, der sker, når et menneske begynder at vibrere med sin essens` kærlighedsenergi. Når det sker, er livet nyt og løftet op på et helt andet niveau.

De store mystikere har vist vejen. Men kærlighedsfeltet åbnes mere og mere, så mange kan mærke, hvordan hjertet kommer mere i centrum og fyldes af empati og en dybere kærlighed til alt og alle. Det giver en stor nærhed og inderlighed i livet. Livet får glans og skyggerne forsvinder. Alt løftes til et højere niveau og den ikke-fysiske verden synger med og bliver tydeligere.

De ikke-fysiske væsener, der lever i en højere vibration og har nået et højere kærlighedsniveau end os jordmennesker, bliver i højere grad vores samarbejdende hjælpere. Med åbningen af vores højere hjertefølelse vil de åndelige hjælpere møde os på helt nye måder. Det vil give os nye muligheder og ny kraft.

På det kollektive plan vil åbningen til hjertet bringe empati og enhedsforståelse i centrum. Og en større klode-bevidsthed vil komme igennem. En bevidsthed, hvor vi mærker behovet for at nytænke, hvordan vi behandler vores gaiavæsen og i det hele taget nytænke vores forståelse af vækst. Vi skal have et nyt vækstbegreb.

Vækst

Hvad skal vi forstå ved vækst? Vækst har i århundreder været knyttet til materiel vækst, til pengemagt. Nu er tiden til, at vi forstår vækst på en helt ny måde, vi må se den i forbindelse med vores dybere identitet. Vi må se den i helhed med de væsentligste aspekter i vores essens, nemlig et liv levet i respekt og ydmyghed i forhold til vores medmenneskers liv, væren og trivsel.

Ydmyghed kan være et svært ord at bruge, kan synes lidt gammeldags, men med øget empati vil ydmygheden vokse. Vi ønsker ikke så meget til os selv men tænker på helheden, på næsten. Ja, det er de kristne idealer, der træder i karakter her godt 2000 år efter, Jesus formulerede de skelsættende tanker. Vi har endnu ikke for alvor formået at få dem omsat til konkret handling, men jorden er gødet gennem 2000 års kristen tankegang.

Med ydmyghed må vi ikke glemme kærligheden til os selv. Vi er inkluderet i helheden, ellers bliver helheden skæv. Vi skal stå ved vores lys og være tro mod det, ellers vil vores empati og kærlighed let bære skygger og skævheder. Med selvkærlighed bliver vores lys stort, og det næres af vores forbindelse til vores essens.

Vores jord er i en fødsels proces. En proces, hvor gamle forældede tankeformer og samfundsstrukturer skal udrenses, og nye værdier skal sættes i højsædet. Det startede for 2000 år siden og vil fortsætte i formentlig flere århundreder endnu.

Det har vist sig, at processen går langsomt, men mange oplever nu, at der er sat turbo på. Vi inspireres fra universet, og mange mærker i deres indre, hvordan store gennembrud sker, og det sætter spor i den ydre verden. Nyt sprudler frem, nye måder at tænke og forstå på. Skabende impulser med et helhedsperspektiv bliver synlige. Inspirationer, der erstatter traditionelle lineære og duale tankeformer.

Og vi skal tænke nyt, vækst må i højere grad forstås i et udviklingsperspektiv og helhedsperspektiv, der inddrager vores klodes balance og vores, menneskehedens liv og trivsel. Vi må skabe en balance, hvor livets højeste værdier sættes i centrum med udspring i medfølelse og empati.

Vi skal bevæge os fra materiel tænkning og praksis til værdiforståelse og væren. Samfundet skal ikke gå i stå, men fundamentet for alt liv skal basere sig på vores essentielle værdier. Hvad fremmer og tilgodeser det dybeste niveau i menneskelivet. Det er det vendepunkt, der kan bringe menneskeheden bort fra katastrofekurs, bort fra et krigs og slagsmålsregime, præget af sort, hvid tænkning.

Vi har brug for en humanistisk enhedssøgende kultur bygget på de højeste eksistentielle værdier. Det bliver med tiden et krav, at alt skal have det fokus. Gavner et projekt helheden, bringer det øget trivsel, fred – en indre som ydre vækst udsprunget af de højeste empatiske principper. Vores små jeg`er og personligheder skal ikke længere være i centrum. Vores kultur og udvikling skal basere sig på værdier, der udtrykker empati og etik og helhedsforståelse.

Kærlighed som livskraft

Kærlighed er en livskraft. En universel kraft, der giver den, der er i kontakt med den, uanede muligheder. Den rummer en skabende energi, der giver den enkelte evne til at give ønsker, drømme, visioner form. Den ophøjede kærlighedsgave er materialisationsevnen. Den afgørende præmis er, at den forbindes med vores højere hjerteessens, heri ligger transformationsevnen. Al skabelse, som bringer os videre, må funderes i de højt vibrerende kvaliteter, som vi ønsker vores liv og samfund, skal bygges på.

Kvaliteter som

- Kærlighed
- Empati
- Fred
- Glæde
- Ydmyghed
- Samarbejde
- Taknemmelighed

Flere kan nævnes, men de nævnte kvaliteter er grundlæggende for udvikling, lykke og trivsel, og disse kvaliteter ligger som højt-vibrerende felter i de højere bevidsthedslag, og de kan kontaktes for eksempel i meditation.

Det er givende at meditere på disse kvaliteter på et så højt niveau, som vi kan. Vi kan lade os gennemstråle af kærlighedens, taknemmelighedens væsen, eller den kvalitet som vi ønsker en dybere kontakt med. På den måde vil den langsomt integreres i os og blive en del af vores væsen, vores vibration og udstråling.

Den følgende øvelse har til hensigt at skabe det fordybelsesrum, hvor vi kan kontakte de højeste kvaliteter og værdier i vores liv. Vores fokus kan skifte, alt efter hvilken kvalitet, vi ønsker at sætte i centrum. Her er det kærlighed, der er sat i centrum.

Øvelse 2   At kontakte de højeste kvaliteter - At være kærlighed

1. Sæt dig godt til rette og træk vejret dybt, og mærk dit hjerte.

2. Hvornår har du været mest kærlighedsfuld på en dyb og ægte måde. Prøv at komme ind i denne følelsesstrøm. Mærk hvordan hjertet åbner sig mere og mere.

3. Lad følelsen strømme igennem dig, så du mærker, at hele kroppen bliver berørt, mærk det helt ind i dine knogler, muskler, celler. Sid i denne kropsfølelse et stykke tid.

4. Følelsen udvider sig, den bliver en energi, der er større end din krop, den bliver et felt, der åbner sig udad, udad... Og du beder om at blive forbundet med universets store kærlighedshav.

5. Lad dette hav, dette felt gennemstrømme dig, bliv et med det. Har det en farve, en struktur? Sanser du noget? Og vid at dette kærlighedshav altid er tilstede, og du vil altid være en del af det. Forbind dig dybere og dybere ind i feltet og vov at blive helt opslugt. Du er et strømmende felt, der er intet indre og ydre. Vær i det et stykke tid.

6. Nu trækker du langsomt din energi sammen, du mærker din krop. Og du mærker, hvad øvelsen har gjort ved dig. Har den åbnet for nye kropsfølelser, mærker du dit hjerte på en ny måde? Giv dig god tid til at integrere energierne helt i din krop.

Det er jo et spændende faktum, at vi kan træne og udvikle vores følelsespotentiale. Vi kan det fordi, de højere følelseskvaliteter er indlejret i vores væsen som de guddommelige væsner, vi er i vores essens. De er indlejret i vores spirituelle DNA. De skal "blot" vækkes, aktiveres. Og som sagt, øvelse gør mester.

Kærlighedens højere væsen

Med kontakten til kærlighedens højere væsen bliver vi forbundet med vores egen guddommelige kilde. Vi vil lyse og blive inspiratorer for de energier, der skal bringe jorden videre på sin udviklingsvej. Der er en kollektiv lovmæssighed i denne udvikling, jo flere der er i kontakt med de højere bevidsthedsvibrationer, jo stærke vil transformationsenergien arbejde. Der skabes et resonansfelt, som andre mærker, bevidst eller ubevidst, og den gamle sandhed om, at sammen bliver vi stærkere, bliver en realitet.

Den fælles bevidstheds kraft, hvor mange vibrerer med deres højere energipotentialer, vil skabe nye udviklingsmuligheder for jorden. De store bevidsthedsfelter, når flere og flere samarbejder på de højere bevidsthedsplaner, skaber nye åbninger for indstrømning af inspiration og kreativ kraft fra universets hjælpere. Det er vigtigt, at spirituelt vågne samles og koordinerer deres aktiviteter for at berige verden og sig selv med nye indsigter og udvikling. Forskellig forskning har allerede dokumenteret, hvordan store grupper af mediterende skaber resonans felter, øger frekvensen på jorden med henblik på fredsskabende energiarbejde[4].

---

[4] Se Joe Dizpensa: At Blive Overnaturlig, Gyldendal 2022.
  Specielt kap. 13. Projekt kohærens. Skab en bedre verden.

Flere og flere samarbejdende spirituelle grupper arbejder med de intense energier, der aktiveres, når meditative energier forstærkes i èt samlet felt, der resonerer med universets højere energi. Det er vibrationer, der på det fysiske plan kan være med til at mindske vold, krig, kriminalitet mm. Trancendental Meditation har allerede for mange år siden lavet forsøg med at starte fælles meditationer i forskellige udsatte bydele i USA, og der blev der påvist en ændring i hyppighed af kriminalitet. Når de mediterede, faldt kriminaliteten til et minimum i bydelene, og når de stoppede igen, steg den til "normalt" niveau.[5]

Resonansfelter kan skabes rundt omkring på jorden. Vi kan åbne nye store energiportaler og energifoci, der kan være med til at skabe støre balance, vækst og harmoni til det fysiske liv. Det er en afgørende inspiration til udvikling af vores jordiske liv.

Med tiden vil vi blive dygtigere og dygtigere til at skabe en mere direkte kobling mellem de spirituelle felter og en konkret manifestation i det fysiske. Det er vigtigt, at den spirituelle træning har dette fokus i disse afgørende tider. Vi skal integrere de høje energier så dybt ind i det fysiske, som vi overhovedet kan. Vi skal være transformatorer for, at de nye bevidsthedsenergier kan arbejde ind i den fysiske virkelighed. Vi bliver et omdrejningspunkt og en portal for nyskabelse, som centreres i de højere energiers intelligens og flow.

Det vil med tiden give tydelige nedslag i samfunds og kulturudviklingen. Der vil opstå alternative fællesskaber, der ønsker at

---

[5] Læs mere på TM siden: At transcendere. En veldokumenteret vej til en bedre verden.

fundere sig i den nye energi. Flere og flere fællesskaber vil komme til, og de vil blive så funderede, at de vil inspirere det "almindelige" samfund.

Der er også mange spirituelle lysarbejdere, der vælger at være en del af det "almindelige" liv, for på den måde at skabe åbninger. Det er en vej, der kræver styrke, vågenhed og stærk bevidstheds-kraft. At stå i sit lys på trods af eventuel modstand og manglende forståelse for de nye livsforståelser. Det er en uhyre vigtig og ind-flydelsesrig position.

Eksemplets magt er stærkt, ikke at vige, men fastholde de høje idealer. Det kan være indenfor det offentlige arbejdsliv, i finans-verdenen og ikke mindst inden for politik. Politikere har jo ind-flydelse på den nye samfundsretning, som landet bevæger sig hen imod. Derfor ER det vigtigt, at vi vælger visionære, nytæn-kende politikere med høje idealer og ægte samfundssind. Og hvor er det vigtigt, at mennesker med høje idealer og stort sam-fundssind og bevidsthed tør stille op til valg.

Desværre er politik ofte en kampplads, hvor de gamle primitive idealer er bærende. Andre ses som modstandere og nedgøres. Kunsten er at være strategisk, så andre kan fejes af banen og inti-mideres.

Det politiske miljø må og skal løftes, så flere tør melde sig som deltagere. Det er afgørende, at arbejdet bliver præget af respekt for hinanden og den forskellighed, der naturligt er. Og det vigtige er en vilje til samarbejde, for at skabe løsninger for helheden. Hel-hedstænkningen skal i fokus. Og det er vel demokratiets essens i dybeste forstand. Som det er nu, har demokratiet svært ved at løse de påtrængende udfordringer, som samfundet står overfor, fordi særinteresser dominerer, fremfor ægte samarbejde og evne til at tænke i helheder.

Alt starter med at kunne respektere, lytte til og samarbejde for at nå nye fremskridtsgivende mål. Mål, der er inspireret af evnen til at tænke i helheder og med tillid til menneskets iboende højere væsens kvaliteter.

At være sammen

Kærlighedens essens bringer os sammen, vi mærker, hvordan vi er èt. Vi oplever at forbinde os dybere og dybere med andre mennesker, dyr, planter, naturen og jorden som et levende væsen. Det giver udfordringer, for vi ser også så meget lidelse, og mange problemer tårner sig op.

Som spirituelt vågne i denne tid, er kunsten at bevare kontakten til sit eget indre lys, sin åbenhed – både at være det store lysende JEG og bevare kontakten til det lille personlighedsjeg. Det lille jeg er knyttet til opdeling og adskillelse og vurderinger, det er skabt til at navigere i vores 3 dimensionelle verden. Og vi skal naturligvis være en levende del af denne verden, men vi må ikke ende i en negativ spiral, der trækker os ud af kontakten med den højere virkeligheds verden.

Vi skal leve med de 2 verdener, de 2 perspektiver, energiniveauer. Vi er indlejret i et prisme, hvor vi hele tiden kan se virkeligheden fra nye vinkler og derved kan vores virkelighed ændres.

Virkeligheden er ikke en fast størrelse. Den bestemmes at det prisme, som vi ser den igennem. Det er bestemmende for den dimension, vi nu er til stede på. Vi har det prisme, der er præget af den fysiske verden med dens mange udfordringer, men vi har også et prisme, der afspejler den indre verdens mere lysfyldte karakter.

Vi er på en rejse fra det, der i spirituelle kredse kaldes 3D til 5D[6], hvor perspektiverne løftes til empati og hjertekontakt og til en større åbenhed for altings enhed. Højere dimensioner vibrerer i os og omkring os og venter på at blive materialiserede. Vi når disse niveauer i bøn og meditation, hvor hjernebølgerne stilnes og når de dybe Alfa og Theta niveauer. Med tiden integrerer vi disse niveauer stadigt dybere, ind i vores krop og ind i vores liv i det hele taget.

Det kræver et stærkt fundament at stå i sit lys, bevare kontakten til det store JEG. Et fundament, der er godt rodfæstet til jorden, så vi ikke "flyver" afsted og mister jordforbindelsen. Hvis vi mister jordforbindelse kan vi ikke agere forbindelsesled til den nye bevidsthed, energien bliver for luftig, uden evne til at forbinde sig ind i den fysiske virkelighed. Alfa og omega er at have kroppen med, vibrere med alle dele af kroppen og bevare en stærk og sund skelneevne. En evne, der også kan skabe en afgrænsning, når det er nødvendigt, så vi ikke "opsluges" af de svære trængsler, som udspiller sig på jorden, at kunne fastholde det høje perspektiv og se lidelse i et udviklingsperspektiv. Selvfølgelig bliver

---

[6] Læs mere hos Ianneia Livia Silke Meldgaard: Kærlighed i 5. Dimension. Empower You 2020

vi berørte, men det større perspektiv hjælper til at finde mening i det svære og bevare en vis nøgternhed eller neutralitet.

Vi er spillere på Guds scene, som det hedder. Kræfter brydes, polariteter står op mod hinanden, og konflikt opstår, så længe vi som menneskehed ikke formår at neutralisere de stærke solar plexus kræfter og løfte energien til hjerte niveau. Jordens liv er en træningsbane, hvor vi hele tiden "uddannes" til at tage nye skridt henimod realisering af vores indre potentialer. Oftest er det udfordringer af forskellig art, ofte sygdom, der giver os de nye muligheder for indsigt og løft ind i en højere spiral.

Jeg vil slutte dette meget brede afsnit om kærlighedens væsen med at frem hæve endnu et aspekt ved kærlighedens væsen. Vi kender sætningen "elsk din næste som dig selv". Jeg har beskrevet, hvor vigtig selvkærlighed er – at give sig selv kærlig omsorg og respekt. Som en naturlig forlængelse af dette grundlæggende princip ligger kærlighed til "næsten", til ethvert menneske, vi møder på vores vej. Vi skal lære at se lyset i ethvert menneske, det indre potentiale, den indre flamme. Og det kan vi kun, hvis vi kan mærke flammen i vores eget indre væsen, så åbnes resonansfeltet. Det skaber den store virkelighed og mulighed for et autentisk møde i åbenhed og kærlighed. Det åbner til hjertet og vejen til det guddommelige flow.

Vi kan træne denne indre åbenhed, at se lyset i alting, være lyset. Religiøse traditioner har til alle tider haft ceremonier, renselser, øvelser, bøn, hvis hensigt er at åbne til denne værens kvalitet, som er det dybeste i den religiøse og spirituelle søgen. Kærlighed er det bærende fundament og kraften kommer fra hjertets åbning til at rumme mere og mere af kærlighedens lysende kraft, både som modtager og afsender. Og den gamle sandhed, at kærlighed bliver større af at blive delt, bliver en aktualiseret og bærende sandhed.

Kærlighedens væsen kan beskrives fra mange vinkler, den har mange vibrationsniveauer, det er et uhåndterligt begreb. Mit formål med dette kapitel har været at udvide forståelsen af kærlighedens kraft, så den ses som en grundlæggende intelligens og struktur, der med den nye bevidsthed må være en bærende energi både i det personlige liv og i samfundslivet. I det spirituelle liv er det den ledestjerne, der skal gøre det muligt, at vi står i vores eget indre lys, at vi bliver, ER vores eget guddommelige lys.

Den næste øvelse, er et forsøg på at formulere, hvordan kærlighedskraftens væsen er vores livsgrundlag. Den er alfa og omega for vækst, glæde og overskud i livet.

Øvelse 3   At være kærlighed

1. Du trækker vejret dybt, mærker din krop, fokuserer på dit hjerte.

2. Mærk dit hjerte som en lotus, der åbner sig ud i det uendelige. Mærk din hjerteåbning, dit hjertefelt.

3. Du er en del af det tidløse kærlighedsfelt. Du får en følelse af evighed, der er ingen tid. Mennesker har til alle tider bedt, sagt mantraer, mediteret på deres egen indre lysende forbindelse til det guddommelige kærlighedsfelt. Du er en del af dette tidløse felt og uendeligheds hav.

4. Der skabes et helligt rum indeni dig. Prøv at gå dybt ind i det, mærk energien i dit rum, måske får du billeder eller andre sansninger, ser du farver. Vær i den smukke energi.

5. Nu fyldes dit hellige rum med gyldent lys, og lyset omslutter dig og det gennemtrænger dig. Vær dette lys. Giv dig god tid.

6. Nu beder du om, at dette kærlighedsrum, dette gyldne lys må være med dig altid, som et livslys og en vejviser. Et lys, du altid kan kontakte, specielt når noget er svært og tungt.

7. Forbind dit lys med det højeste i dig, de højeste aspekter af dig - når du føler dig mest hel og fyldt af lys, glæde og kærlighed.

8. Nu visualiserer du, hvordan du bringer disse smukke energier videre med ind i dit liv. Se dem som et lysende gennemtrængende felt i og omkring dig. Det er en del af dig, det ER dig, når du bevæger dig rundt i dit liv – i dit hjem, med din familie, i naturen, er på arbejde, snakker med naboen. Hav det altid med dig og vid du er velsignet.

9. Nu sidder du en stund med åbne øjne, hvor du fastholder følelsen af, hvordan du er gennemtrængt af det lysende gyldne felt.

Jeg håber øvelsen kan være til glæde, som inspiration til, at vi kan fastholde os selv i vores spirituelle essens i vores daglige liv.

4. ESSENS

Vores indre kilde

Det foregående kapitel beskrev kærlighed som en grundlæggende, strukturerende kraft. Et andet strukturerende princip i vores energetiske konstitution er essens. Med essens må vi forstå vores inderste væsen, vores indre kilde, som er er et mellemled mellem den guddommelige enhed og vores eksistens i de forskellige verdener, fysiske som ikke fysiske – de forskellige vibrationslag i mennesket.

Igennem kontakten til vores essens, mærker vi vores guddommelige ophav. Fra den kilde, kan det højeste lys strømme ind i de eksistensformer, vi gennemlever. Sommetider er vi inkarnerede i det fysiske, til andre tider er vi ikke i den fysiske verden. Nogle af os lever med mellemrum i andre stjernesystemer. Men vores kontakt til kilden, til vores inderste essens vil altid være der. Den er udenfor tid. Vi kan have besvær med at fastholde vores kontakt til kilden på et mere bevidst plan, når vi er inkarnerede i det fysiske.

Tidens nye bevidsthedsstrømme bringer en bevidstgørelse af vores essens` natur i fokus. Det er fra kilden i vores væsen, at vi kan forbinde os med de energier, der kan bringe os videre. Vi skal videre og jorden skal videre. I fællesskab længes vi efter et nyt liv – et liv i glæde og fylde.

Engelsk har et meget godt ord, der beskriver denne værens tilstand, abundance. Det betyder overflod, fylde. At alt er såre godt, alt er som det skal være, der mangler intet. Kosmos giver alt, vi har brug. Der er altid en kilde, der springer. Vi er i et guddommeligt flow, hvor energien hele tiden bevæger sig i overensstemmelse med de guddommelige love. Vi møder det, vi skal, tiltrækker de energier, vi har brug for.

Resonans er endnu et skabende princip. Vi tiltrækker de energier, vi har brug for i vores udvikling. Manglende kontakt til vores indre kilde giver udfordringer på vores vej. Vi lærer igennem den modstand, livet giver os. Jo mere vi formår at leve i overensstemmelse med vores essens, jo mindre modstand jo mere flow.

Målet er at leve i flow, hvor vi uhindret kan åbne for lyset. Så er vi evighedsrummet udenfor karmalovens hårde læreprocesser. Vi er alle på den vej, og med os, vores jordvæsen Gaia. Jo flere af os, der kan overskride karmalovens indflydelse, jo hurtigere vil

jordens kollektive energi løfte sig, og jorden kan tage et nyt ud-
viklingsspring.

Jeg har tidligere nævnt, at menneskeheden er på vej mod 5D. Her
begynder de meget snævre fysiske forståelsesrammer at smuldre,
og energibevidsthed bliver tydeligere. Vi åbner for indtryk fra
universet og de ikke fysiske verdener, og vores hjertekapacitet
øges. Det giver mulighed for at mærke inspirationen fra vores in-
dre kilde, vores essens` evige kildevæld, der springer med en evig
strøm til velsignelse og forgyldelse af vores liv. Tiden er til, at vi
åbner til de indre evighedsfelter, som vi alle bærer med os fra
fødslen. Vi er alle forbundet til vores evighedslegeme.

Den følgende øvelse skaber mulighed for et samarbejde med din
højere bevidsthed. Den er en bro til de evighedsfelter, som vi alle
er knyttet ind til.

Øvelse 4 Essens

1. Du sidder med et dybt åndedræt, hvor du mærker, hvor-
   dan hele din krop bliver iltet. Og du mærker roen brede
   sig i dig. Tag god tid.

2. Du fokuserer på dit hjerte, mærker hvordan din hjerte-
   energi åbner indad i kroppen og udad i universet.

3. Nu fokuserer du på et punkt ca. 30 cm over din isse, es-
   senspunktet. Forestil dig punktet som en lysende stjerne,
   som bringer dig i kontakt med de højeste værdier i dit væ-
   sen.

4. Dette punkt har kontakt til dit evighedslegeme. Mærk nu, hvordan denne evighedsenergi lægger sig rundt om dig, som en yderste skal i din aura. Energierne er et udtryk for din kosmiske væren, der rummer dine højeste potentialer.

5. På en umærkelig måde bliver dit energivæsen gennem-strømmet af lysende energi fra dit evige essenspunkt. Giv dig god tid til at være i denne tilstand, også selvom du ikke kan mærke så meget, vil din intention skabe kontak-ten til dit essenspunkt.

6. Stille og roligt indstiller du dig på at afslutte øvelsen. Når du er parat, kontakter du igen din krop, helt ned i dine ben og fødder. Mærk, hvordan din krop er mere lysende, let og klar.

Denne øvelse skaber mulighed for et samarbejde med din højere bevidsthed. Den er en bro til de evighedsfelter, som vi alle er knyttet ind til. Til alle tider er vores essens indlejret i det guddom-melige evighedshav, og den er det vigtigste udspring for vores spirituelle udviklingsrejse.

At være sit lys

Igennem ihærdig træning, bevidsthedsøvelser, meditation og med evnen til overgivelse til en større helhed, vil vi blive belønnet med en forbindelse til vores oprindelige spirituelle identitet. Det er en identitet, der udspringer af vores væsens essens, vores kodning til vores guddommelige enhed med altings skabelse.

Det er uendelig stort og svært at beskrive. Mystikere fra alle tider har forsøgt at videregive deres oplevelser fra dette felt, og nu er det som om flere og flere er parate til at åbne døren og blive mere bevidste på disse niveauer.

Det er et liv levet i gudslyset, hvor kernen i livsoplevelsen ses fra et helt upersonligt niveau. Derfor vil ethvert menneske, der når dette niveau være en afgørende lysskaber. Han/hun vil udstråle og vibrere sin lysende energi ind i det fysiske og skabe nye muligheder for alle, der er i nærheden af denne kraftkilde af lys og ophøjet viden.

Mestrene har kunnet det, men flere og flere skal tage sit lys til sig og mærke sit eget potentiale og ikke kun for sin egen skyld, men for helhedens skyld. Vi er strålende lysvæsener og jo flere, der mærker det og integrerer det, jo mere vil andre blive løftet. Vi ser jo, hvordan jorden tørster efter livsformer, hvor vi mestrer at skabe et liv uden smerte, lidelse, krig og ødelæggelse.

Jeg tror ikke, disse nye livsformer kan skabes uden et bevidsthedsarbejde, hvor vi alle mærker vores eget lys og forbindelse til altings enhed. Det er forudsætningen for, at vi kan skabe og være i kontakt med den guddommelige enhedsstrøm. Det er den, der skal være basis i den nye jords livsenergi. Jorden længes, vi længes efter at leve i et lys, der er båret af kvaliteter som kærlighed, fred, glæde og lysintensitet.

Nogle af os kender de stærke indre energifelter fra vores spirituelle praksis. Nu skal de vibreres ind i vores fysiske jord, i vores jordiske liv. Det er en langsom, men afgørende proces. Det afgørende er, at jorden skal overleve, båret af ny helhedstænkning på alle niveauer. Det gælder ikke mindst i forhold til vores jordvæsen Gaia og de lidelser, vi udsætter det for gennem forgiftning og rovdrift af dets ressourcer.

Der er en lang vej at gå, men det glædelige er, at flere og flere bliver bevidste om nødvendigheden af at være "tro" imod det kald, der fortæller, at al ting starter med den enkeltes forhold til sig selv og sine omgivelser. Den enkeltes tankeform og følelsesliv er altafgørende - den givende og nærende omtanke i forhold i livet. Vi må detoxe os selv, også for at detoxe vores jord. Vi er lysende væsener i vores grundessens og vi må glæde os, når vi mærker, at vores egen spirituelle vågenhed vokser. Og vi må glæde os, når vi oplever tendenser til, at den kollektive bevidsthed vokser, i forhold til at forstå jorden som et levende væsen, der er i sin udviklingsspiral.

Jorden har ventet på dette vendepunkt, hvor den dybere essens kan træde tydeligere ind i jordens udviklingsproces. Og mange fornemmer, at vi er nået til et vendepunkt nu, hvor mange mærker kaldet og dedikerer sig til et indre som ydre lysarbejde. Her er jordens opstigningsproces i fokus, samtidig med at den enkelte løfter sit eget energiniveau.

Og hjælpen er stor. Fra alle dele af universet strømmer hjælpe-energier, der støtter den enkelte og er medskabende omkring de kollektive forandringer. Det er det nye, der sker lige nu. En utrolig gave strømmer til vores jordiske liv fra universets opbyggende kræfter.

Der er nu åbnet for uendelig mange hjælpekilder, højfrekvent energi strømmer til jorden til inspiration, til nytænkning inden for alle vigtige felter – samfundsudvikling, teknologi, videnskab, kunst og sundhed. Det er stort, og denne udvikling vil bare fortsætte med uhørt hastighed i de kommende årtier.

Vores åndelige identitets integration ind i det fysiske liver centrum i denne udvikling. Vores sind og vores kroppe bliver mere lysfyldte og vibrerer, så det sætter sig spor i vores personlige liv og i det omgivne samfund. Nye tankeformer, idealer og mål materialiserer sig langsomt og forvandler vores verden til et langt mere humant og næstekærligt niveau.

5. Vores Bevidsthedskraft

Vi bevæger os hele tiden ud af en udviklingsvej, hvor nye indsigter og døre åbner sig i det indre, og langsomt transformeres de ind i vores fysiske verden. Mange er blevet mere bevidste om deres eksistens som energivæsener. Vi mærker vores egen og andres energi tydeligere, vi mærker energien i et rum, og vi oplever, hvordan vi bliver positivt fyldt op af en tur i naturen. Vi er energivæsener, og bevidsthed om det er et virkelig vigtigt skridt.

Mange nye behandlingsformer tager udgangspunkt i vores adgang til at arbejde direkte med vores egen energi og energilegemer. Det er givende og fremtidsorienteret, og det venter kun på, at fremtidens lægevidenskab tager det mere ind. Det er på vej, placeboeffekten har fået mere fokus. Placeboeffekten baner vej for, at helbredelse forbindes med vores tankeenergi og mentale overbevisning, der igen påvirker vores krop. Og således nærmer vi os dette kapitels emne, vores stærke bevidsthedskraft.

Vi er som udgangspunkt bevidsthedsvæsener udsprunget af den guddommelige kildes manifestations trang. Fra den første lille individualiserede dråbe fra det guddommelige urhav, rejser vi igennem de forskellige vibrationsriger. Vi skaber nye former og tilstande, alt imens vores vibration og frekvens ændrer sig.

Her i vores fysiske form er vi underkastet tyngdeloven og de 3-dimensionelle love. Men vi vil altid have vores ikke-fysiske dele med os som en kåbe udenpå det fysiske, og alt, også vores krop, vil til alle tider være gennemtrængt af vores guddommelige bevidsthed.

Vores identitet som bevidstheds væsener er eviggyldig, vi er gennemtrængt af den guddommelige bevidsthed. Den er som små spæde skabelsesfrø, der er indlejret i os. Vi er som planter, der sættes i jorden for at gro, udvikle sig og tage form.

Den guddommelige bevidsthed lever i os. og med den er der åbnet til hele det guddommelige skabelsesunivers. Mange spirituelle og religiøse træningssystemer arbejder med bevidst at få kontakt til denne indre livskilde, den universelle bevidsthed, der gennemtrænger alt. Det er en kraft, der er knyttet til vores inderste kilde og essens, og den er udenfor vibration. Det er det uforanderlige niveau, der kaldes Ånd, kilden, Gud.

Vejen til Åndens Rige

Spirituelle traditioner har brugt opdelingen krop, sind, ånd til at beskrive vores eksistens. Jeg vil gerne tilføje sjæl - krop, sind, sjæl, ånd. Kroppens niveau er den fysiske verden. [7]

Sindets niveau er vores personlighed, vores psyke og vores længsel efter udvikling. Vores højere bevidsthedsdel, sjælsniveauet og de højtvibrerende bevidsthedsfelter skaber bro til vores ånd. Når vi mærker vores ånd, er vi i kontakt med vores uforgængelige, evige, uforanderlige guddommelige kim. Det er dér, vi møder det guddommelige lys i al sin glans, det er dér, vi transcenderer vores jordiske niveau og bliver forbundne med evighedens glød og salighed. Det er dét niveau, mystikere, mestre, har søgt og måske fundet. Og som de har forsøgt at give videre til deres elever.

Når vi er i en dyb, bevidst kontakt til dette niveau, bliver alt forandret, verden er ny, selvom vi lever det samme fysiske liv.

Rejsen mod åbningen til vores egen guddommelighed er lang, mange af os har tusinder af års træning bag os. I denne tid kommer mange nye sjæle herned, som har andre forudsætninger, og som hurtigere kan åbne til dette gyldne niveau. Det kræver, at vores legemer er tilpas rensede, at vores tankeklima er renset for negativitet, og hjertet er åbent. Uden kærlighedskraftens styrke formår vi intet. Der skal være en bro mellem vores hjerte, vores sind, og vores højere bevidsthedscentre og et aktiveret essenspunkt.

---

[7] Se Bevidsthedsmodellen i kap.1

Når forbindelsen og balancen mellem disse punkter er tilvejebragt, begynder antahkaranaen[8], vores gyldne livstråd at lyse, og så er vi i kontakt med det guddommelige lyshav. Antahkaranaen forbinder de forskellige sjælsplaner. Vi bliver et lysende felt, der har adgang til al information, og vi kan ubesværet bevæge sig rundt i universet.

Vi bliver styret af det guddommelige kærlighedsflow og den guddommelige intelligens. Livet leves i samklang med de højeste styrende energier, og vi resonerer med vores eget højeste livsformål i harmoni med den universelle lovmæssighed.

Vi er alle på denne fantastiske rejse, og rejsen kan tage sig meget forskelligt ud, alt efter vores forudsætninger. For de fleste er vejen gået fra tidligere tiders hårde træningssystemer med mange timers meditativ eller bøns træning hver dag. Vi har levet i huler med lidelsesfyldte udfordringer. Nu er vi på en mere praksisorienteret vej ofte med øvelser, fordybelse og meditation, men en vej, der forbinder os ind i det almindelige fysiske liv.

I gamle dage fravalgte de særlige, mystikerne og de hellige mennesker som oftest det almindelige liv. De søgte oplysningen i særlige miljøer som klostre og ashrams. Det sker stadigvæk, men nu er bevægelsen mod en søgen, hvor vi stadigvæk er integreret i et almindeligt liv med arbejde og familie.

---

[8] I den esoteriske tradition kaldes forbindelse mellem vores forskellige energilag Anthakaranaen. Den kaldes også regnbuebroen, et smukt udtryk for forbindelsen mellem himmel og jord.

Vejen er lettere nu, flere har allerede gået den, og det profiterer vi af. Evighedsfelterne er mere åbne og tilgængelige. Vi træder hele tiden på forgængernes skuldre, på dem, der har banet vejen tidligere. Spirituelle miljøer og fællesskaber hjælper den enkelte. Det er stadigvæk vigtigt, at vi forbinder os i grupper, hvor energien kan optimeres. Her åbner energifeltet sig på en helt anden kraftfuld måde, end det vi kan skabe på egen hånd.

Der er et myldrende spirituelt liv mange steder på kloden, hvor vi kan finde den inspiration, der lige passer til os - der lige fanger den , jeg er. Mange spirituelle lærere arrangerer lysrejser, hvor geografiske områder, der har brug for et spirituelt og energetisk løft, bliver belivet. Gamle helligsteder bliver løftet til den nye tids energi.

Den nye bevidsthedskraft er et levende medium, der skal vække jorden til nyt liv. Jordens kollektive energi transformeres og skaber grobund for nytænkning og nyskabelse. Den øgede intensitet i de nye energier påvirker alt og alle. Det spændende er, hvornår vi for alvor mærker de aftryk, de nye energier sætter i vores fysiske verden. Det er det, vi længes efter. Men vi må have tålmodighed, ikke miste håbet og glæde os over de fremskridt, vi oplever.

Vi må udvikle vores indre kontakt til den guddommelige essens. Og fra den må vi lade vores lys og bevidsthedskraft styre og lede, undgå at egoet tager over og gør det besværligt for os. Kan vi være i energiflowet fra vores højere bevidsthed, bliver livet så meget lettere og lysere. Egoet's vej er præget af kamp og modstand. Nu er vejen åben for en meget mere enkel og lysfyldt væren med vores højere bevidsthedskraft, der strømmer fra vores essens. Den er vores nye styrende princip.

Bevidsthed er universets sammenhængende kit. Den lyser med forskellig intensitet alt efter hvilket vibrationsniveau, vi befinder os på. Når vibrationen hæves, bliver bevidstheden mere klar og funklende. Den søger hele tiden et højere udtryk, den er en dynamo for vores evolution. Den er upersonlig, men uomgængelig på vores spirituelle udviklingsrejse. På vores rejse søger vi den rene, klare lysende kvalitet, der resonerer med vores eget guddommelige sind. Dedikation, overgivelse og den evige længsel efter vores egen guddommelige væren og essens er de afgørende drivkræfter i vores søgen.

Inspiration på rejsen kan vi få ved at blive næret af andre, som vi kan spejle os i. Andre, der også går vejen. De fleste af os har brug for fællesskaber, så vores færd ikke bliver ensom. Vi har brug for at dele det spirituelle livs specielle verden, gøre det i alvor, i leg, glæde, humor og lethed, i et dejligt samvær med ligesindede.

Vores højere bevidsthedsverden

Jeg har i kapitlerne kredset om de højere aspekter af menneskelivet, der er knyttet til den højere bevidsthedssfære. Og hvad er den højere bevidsthed?

Det er et vanskeligt spørgsmål, hvor der ikke er et entydigt svar. Her vil jeg prøve at indkredse nogle af de kvaliteter, som præger livet i den højere bevidsthed. Og vi kender alle til livet i de højere bevidsthedslag, i hvert fald i den indre verden. Det er dér, vi er, når vi er diskarneret. Vi er der, når vi har aflagt den jordiske krop, og hvor vi så finder ind på det niveau, som passer til os i vores

54

videre udvikling. Her bearbejder vi de gamle liv og forbereder et nyt. Men det er også en sfære, et energiniveau, som vi hele tiden er tilknyttet, også når vi er inkarneret på jorden. Dette niveau er altid en levende del af os, selvom vi måske ikke er så bevidste om det.

Det er knyttet til vores sjæl, det er et udtryk for vores højeste bevidstheds potentiale. Vi vil med tiden opnå større bevidsthed om disse indre dimensioner. Og herfra er der er en åben adgang til en omfattende viden om vores livs lange udviklingsrejse og om universets myldrende og magiske verden. Vi bliver integreret med den altomfattende viden, som er tilgængelig for alle, der kan resonere med det store vidensfelt, der rummer den dybeste visdom.

Vi får en evne til at få indre viden, en viden, som vi intuitivt ved, kommer fra en sandhedskilde. Det er en visdomskilde, som bare flyder for den, der kan nå den. En viden, man ikke kan studere sig til, alle kan nå den. Og kontakten til den, skaber en uendelig ro og dybde i livet, en indre sikkerhed, som vi alle søger. Er vi i kontakt med den, ved vi, at intet er tilfældigt, og at der er en hensigt med alt. Alt er gennemtrængt af guddommelig lovmæssighed og intelligens. Som Martinus siger det: "Alt er saare godt".

Vi kan alle trække på denne kilde, og det er den opløftende sandhed. Overgivelsen, dedikationen til den højere væren skaber vejen og giver os et større overblik og nogle indsigter i forhold til den måde, vores liv former sig på. På engelsk har man udtrykket "knowing". At leve ud fra "knowing" kræver ingen kalkyler eller forklaringer, livet er båret af indre viden. Det er også et niveau, der er en guldgrube i forhold til vejledning af andre mennesker, ikke som en ydre guidning af andres liv, men som en hjælp til at andre kan finde og mærke deres egen indre vedledning og sandhed. Rummet åbnes til et stort sandhedsfelt og en omfattende universel intelligens. Ofte vil åndelige guider og hjælpere i den åndelige verden være de store medhjælpere i spirituel vejledning. De er så dybt forbundet ind i disse højeste sjælsområder, og vi kan med et åbent hjerte næres og inspireres af deres klarhed og visdom.

Fra mig til vi

Med kontakten til den højere bevidsthed bliver vi mindre individ orienterede, vi bliver mere et vi. Vi bliver præget af en upersonlig trang til at forbinde os, se helheder, være en del af andre, mærke vores multidimensionalitet.

Vi er ikke små adskilte væsener, vi er en levende del af alt. Og alt griber ind i hinanden i et uadskilleligt netværk. Vi formes hele tiden i mødet, i vores forbindelse til verden, den indre som ydre. Når vi ændrer os, ændrer verden sig, og omvendt. Vi er hele tiden i denne uomgængelige skabelsesproces. Det er et udviklingsprincip, som viser universets sammenhængende karakter, og som eksisterer på alle planer til alle tider.

Med tiden bliver vi til et os, hvor det upersonlige bliver tydeligere. Vi identificerer os med menneskeheden, som et sammenhængende hele, et os, hvor alt væves sammen af indre lovmæssigheder. Hvis vi skal se det i en udviklings sammenhæng betyder det, at vi med vores bevidsthed vibrerer direkte ind i vores fælles kollektive energi med de nye åbnende energier, som den højere bevidsthed og kosmos stiller til rådighed.

Det er gaven, men negative strømme kan også få fart. Vores digitale verden skaber også en form for gruppebevidsthed, der kan have en negativ påvirkning. Her kan de negative energier også strømme og forstærke emotionelle, hadefulde udtryk og bevægelser.

Men det er vigtigt at holde fast i at smukke, energigivende vibrationer og inspirationer også vibrerer igennem det digitale netværk. Og det er da interessant, hvordan den teknologiske udvikling baner vej for enhedsbevidstheden på en ganske vist noget ydre måde. Vi kan alle over hele jorden, på alle tider af døgnet være i kontakt, afstand betyder intet. Fornemmelsen af, alt sker her og nu, uanset hvor vi befinder os, bliver tydelig. Det er et skridt i den kollektive udvikling af jordens bevidsthed.

At være i flow

Jeg har tidligere omtalt fænomenet, kvaliteten at være i flow. Det er et centralt begreb i forståelsen af, hvordan livet former sig, når man lever i den højere bevidstheds væren. Her er der en balance imellem et menneskes chakraer, der er en pulserende forbindelse fra rodpunkter – rodchakra og jordpunktet under fødderne – til solarplexus og hjertechakra, og der er åbne portaler til de højere chakraer.

Der er forbindelse hele chakrasystemet igennem, et pulserende samarbejde fra rod til de 3 højeste chakraer og essenspunktet. Der er forbindelse hele vejen fra rod til top. Det skaber den perfekte åbning til at leve i den højere bevidstheds sfære, vi mærker, vi er "aligned" vi er tilstede i vores højere bevidstheds og i vores universelle væren, og vi er forbundet til vores jordiske udgangspunkt.

Vi ER vores eget centrum, vores eget felt, hvor alle energier skaber de smukkeste formationer, der friktionsløst forbinder sig til universets liv. Vi tiltrækker de energier, der er nødvendige for vores liv og udvikling. Dagen bliver fyldt af aktiviteter, der smukt smelter sammen til nye helheder, der bringer os videre, som perler på en snor. Vi er i flow! Vi mærker vores eget energifelt, men vi mærker også, hvordan vi hele tiden er i levende udveksling med universet i en ufattelig medskabende udviklings spiral. Så lever vi et liv i zenit, et liv uden kamp og anstrengelse. De nye skridt viser sig, der er lethed og leg. Der er også seriøsitet, alvor og dedikation.

Vores ansvar er at lytte, være lydhør, åben i forhold til at følge flowet, energiernes kalden. Vi bliver trænede i at mærke balance, ubalancer – korrigere, hvis kroppens energier kommer i ubalance, for igen at få chakraerne til at lyse, som de skal. Det er udgangspunktet for en harmonisk og ophøjet udveksling med andre menneske, vores omgivelser.

Vi bliver bevidste om vores multidimensionalitet. Vi er et felt, der hele tiden er i en skabende interaktion med de kosmiske energier. Vi kan ikke opleve os som en enkeltstående organisme, vi er en levende del af altings væren.

Det multidimensionelle menneske

Flow i livet skaber en klarhed i livet, en klarhed i forhold til vores identitet som et multidimensionelt felt. Vi er tilstede på mange frekvensniveauer, der er i evig interaktion. Det afgørende er, hvor vi fokuserer, hvor er vores opmærksomhed rettet hen. Bevidsthedens fokus er afgørende, men samtidig er vi i sameksistens med hele vores multidimensionelle felt. Vi kan sammenligne det med billedet af edderkoppen, der sidder i sit spind, den har sin plads i spindet, men mærker alle svingningerne i trådene, selv den alleryderste. Vi er centreret, hvor vores fokus er.

Her i den fysiske verden er vi primært rettet imod vores fysiske liv, men vi er også et åbent, ikke fysisk energifelt. Vi er en levende organisme, som vibrerer og interagerer med alle de energier, der resonerer med vores felts frekvenser.

Det giver os en stor rækkevidde og store muligheder. Når vi bliver bevidste samarbejdende energivæsener, kan vi med tiden blive mere uafhængige af de fysiske love. Den bagved liggende bevidstheds evne til at materialisere skærpes, og det bliver muligt fysisk at materialisere os derhen, hvor vi ønsker det. Det er et fænomen, bilokation, som allerede er kendt fra de store mystikere. Det er fremtid, men jeg nævner det for at understrege de store muligheder, der ligger for os som menneskehed, når vi behersker vores bevidstheds verden på et nyt trin.

Jeg afslutter dette afsnit med en øvelse, der træner os i at sprænge vores normale bevidste rammer for forståelse. Vores forståelse er i høj grad knyttet til hjernen. Vores hjerne er i en nyorientering, den skal lære at fungere på en helt ny måde. Den har tidligere været et overordnet organ. Med de nye indsigter som den nye bevidsthed åbner for, skal hjernen i højere grad arbejde som et formidlingsorgan mellem vores højere bevidsthed og vores fysiske jeg. Den skal opgraderes til at være gennemstrømmet af den viden, som kommer fra vores højere bevidsthedslager af viden og kosmisk indsigt. Det kræver at alle de gamle snævre forståelsesrammer sprænges og vanetænkningen slippes. En større viden trænger igennem, som ikke er begrænset af de gamle 3-dimensionelle love.

Den følgende øvelse arbejder med at bringe os ud over vores hjernes snævre barriere af vane og tryghedstænkning. Så åbn op for din fantasi og indre forestillingsverden. Det er vigtigt i denne tid, hvor vi er i gang med så stor indre transformationer. Vores visionsevne og fantasi har stor kraft.

Øvelse 5   At åbne hjernen og det mentale felt

1. Sæt dig godt til rette, find ro med dybe vejrtrækninger og slip tanker og følelser. Lad dem blot passere, som er det en uendelig film. Sid en tid indtil du er faldet til ro.

2. Nu fokuserer du på din hjerne, forestil dig at den åbner sig som en blomst, der springer ud. Mærk, hvordan den åbner sig og sprænger sin fysiske form.

3. Du sender den ud i universet. Den skifter form, bliver mere transparent, måske går den helt i opløsning eller bliver til små stykker, brug dine indre billeder og fantasi.

4. Din mentale kraft forsvinder ikke, men din hjernes fysiske del åbner sig for at rumme nye energier, der er i kontakt med din højere bevidstheds vibration.

5. Bliv siddende i denne opgradering af din hjerne. Det er en rekalibrering[9] så den kan rumme de nye frekvenser.

6. Nu oplever du hvordan din hjernes fysiske dele langsomt "vender tilbage", samler sig og finder en ny form, en mere åben og plastisk form, der vibrerer på en ny måde. Mærk den nye tilstand og giv den plads i hele kroppen.

7. Gennemlys nu din hjerne med gyldent lys. Lad din hjerne funkle og stråle og bed om at denne healing må skabe inspiration til en ny måde at opleve og forstå på

Øvelsen kan måske virke svær, og måske mærker du ikke så meget, når du laver den, men der sker alligevel noget. Og jo flere gange du laver øvelsen, jo mere opgraderer du din hjerne til at fungere på nye måder.

Vi skal til at forstå, tænke og orientere os i livet på en helt ny måde. Og i den forbindelse er vores måde at bruge hjernen på helt afgørende. Den ny bevidsthed lærer os en helt anden magisk tænkning, som er mere helhedsorienteret og knyttet til hjertes kvaliteter. Og den er ikke begrænset af det gamle fysiske verdensbillede, hvor det tidligere var hjernen, der var det overordnede

---

[9] At finjustere vores energisystem og bringe det tilbage til en oprindelig tilstand.

organ. Vi skal naturligvis stadigvæk bruge vores hjernes kapacitet, men udgangspunktet er vores hjertes kontakt til vores bevidstheds højeste kvaliteter. En ny hjerte – hjerne akse skal skabes og funderes.

Fysikkens verden har allerede banet vejen. Det er svært at forstå kvantefysikken uden at forlade vores normale logik. De gamle fysiske love ophæves, når vi skal forstå, hvordan kvanter skabes og forsvinder og reagerer med hinanden. Niels Bohr skulle have sagt: "Hvis du tror, du har forstået kvantefysikken, har du intet forstået". Det er der, vi er. Vi skal ikke forstå så meget, vi skal tilegne os viden på helt nye måder, og vores hjerne skal have en helt ny funktion.

At være i verden med den nye bevidsthed.

Jeg har forsøgt at beskrive nogle karakteristika for, hvordan den nye bevidsthed forandrer os som mennesker og dermed forandrer verden. Der skabes et nyt og anderledes samspil med verden, når den højere bevidsthed integreres i vores kroppe og sind. Det kan være udfordrende. På en måde kræver det, at vi eksisterer på flere planer, og samtidig er det centrale, at vi mærker, hvordan vi er en uadskillelig del af altet. Vi udfordres, når vi skal fastholde det store enhedsperspektiv og samtidig agere i vores normale, daglige liv.

Men glæderne er mange, når vi oplever, "at i det store, så i det små", at universets love gennemtrænger alle lag og skaber en sammenhængskraft i vores livsoplevelse.

Samtidig oplever vi, at vores jordiske liv bliver gennemstrømmet af den måde den højere bevidsthed fungerer på. Den højere bevidsthed groundes lidt efter lidt ind i det fysiske liv. Oplevelsen af tilfældigheder forsvinder, vi mærker, at en dybere lovmæssighed og mening ligger til grund for alt, hvad der sker. Vi oplever, hvordan vi er i en levende kontakt med alting – mennesker, dyr, planter, naturen, stenene, elementerne ja, hele universet.

I vores hverdag på det ydre plan sker der måske ikke så meget. Forandringerne er måske ikke synlige for andre, men den indre verden melder sig med stor kraft, og den bliver en stærk inspirationskilde og vejviser. Vi bliver dobbeltrettede, vi har fokus udad og indad. Vi kan mærke, leve i flowet mellem den indre og den ydre verden.

I forhold til vores kønsidentitet er forandringen allerede tydelig. Vi lever nu i en verden, hvor der opereres med mange forskellige køn. Mange, ikke mindst unge er optaget af og i dybe processer i forhold til deres kønsidentitet. Martinus talte om det kønspolskifte, som vi er i gang med. Vi er på vej fra at være enpolede mennesker til at være dobbeltpolede. Vi går fra at være entydigt mand eller kvinde til at rumme begge poler. Det vil forandre vores kultur og samfund.

Kvinder har i mange år markeret sig i samfundslivet, på arbejdspladser, i politik mm. Denne tendens vil fortsætte, men samtidig foregår der en indre transformation af vores kroppe. Der skabes en ny balance hormonelt og energimæssigt imellem det maskuline og feminine.

Vi har levet i en maskulin kultur, båret af maskuline værdier, nu er tiden til at de feminine integreres dybere ind i måden, vores samfundsliv udfolder sig på. Og de feminine værdier har et slægtskab med de højere bevidsthedskvaliteter, som jeg tidligere har omtalt – kvaliteter som empati, nænsomhed, omsorg, medfølelse, åbenhed.

Denne køns-transformation er et udtryk for den udviklingsrejse, vi er på som menneskehed. Vores kroppe forfines og transformeres. Når det enkeltes menneskes maskuline og feminine energi er i balance skabes nye åbninger. De højere bevidsthedscentre aktiveres, og vi er på vej mod fuldbyrdelsen af vores inkarnationsrække.

Vores store energivæsen, som sanses med vores højere sanseevner vil langsomt manifestere sig stærkere i det ydre liv, igennem vores væren i verden, i vores fysiske liv. Det sker ikke nødvendigvis på en spektakulær måde, som andre får øje på, men som en indre glød eller et lys, som umærkeligt fylder rummet omkring os. Gløden, lyset er uudslukkeligt, da kilden er uendelig. Vores opgave er at forbinde os med, integrere vores indre lys så kraftfuldt som muligt. Det er den givende opgave, vi har som et spirituelt bevidst menneske.

Udfordringerne i hverdagslivet er mange. Vores jordiske liv er stadigvæk dybt præget af egoets favntag, af emotionernes enøjede rasen og dual-tænkning, hvor vi opdeler i det gode og det onde. Som tidligere nævnt har Martinus den forståelse, at vi stadig lever i vores dyrementalitet på vej mod det egentlige menneskerige, hvor vi kan leve ud fra vores højere aspekter og idealer.

Dyrerigets udtryk er tydeligt i disse tider, hvor krige hærger, mennesker kæmper mod hinanden og dræber hinanden.

På mange måder er vi et overgangsvæsen, der står med et ben i hver lejr. Vi er præget af de mange udfordringer, hvor kamp, modstand og lidelse spiller en stor rolle. På den anden side mærker vi kaldet fra vores højere bevidsthed, der åbner døren til en helt anden verdensforståelse, hvor empati og helhedsforståelse er styrende.

Vi mærker, hvordan vi tiltrækker de mennesker, situationer, begivenheder, der bringer os videre. Vi ser mønstret, og det gør det nemmere at navigere i livet, også selvom det kan føles vanskeligt. Vi mærker synkronicitet, hvor begivenheds-rækker falder på plads i et smukt mønster, som perler på en snor. Hver skridt åbner til det nye skridt, vi må tage.

Og endelig mærker vi en støtte fra åndelig side, vi er ikke alene, vi er en del af den ikke-fysiske verden med al den hjælp, der strømmer derfra. Nogle mærker det som en stærk personlig indre kontakt, andre som en upersonlig støtte, som de oplever i bøn og meditation. En støtte, som langsomt breder sig til en evig tilstedeværende følelse af at være omgivet af, indlejret i et kærligt energifelt, hvor der er en fredfyldt væren. Det giver en tryghed i livet, bekymringer kan slippes, og der åbnes til stærkt nærvær og livsintensitet.

Det er afgørende, at vi mærker, den store ansvarlighed, som dette liv bygger på. Hvilke valg træffer jeg for mig selv, hvordan behandler jeg andre mennesker, mig selv - hvilke tanker fylder jeg mig med, og hvad sender jeg ud? Lader vi vores spirituelle forståelse trænge ind i alle hjørner af vores liv? Hvordan er vi i vores liv med vores børn, dyr, i naturen, på arbejdet osv.

Det spirituelle liv kræver, at vi er vågne og luger ud i det, der ikke er befordrende for, at det højere bevidsthedslys kan manifestere sig i os. Alt må ske fordomsløst og organisk, i en kærlighedsfyldt atmosfære. Omsorgsfulde og ufanatiske skal vi blive bevidste, nærværende og groundede repræsentanter for og bærere af den ny tids bevidsthed. Vi er alle på vejen, og vi må huske, at alle gør det så godt, som de formår. Der er ikke plads til fordømmelse.

6. Kroppens magi og enhed med alt

I den nye bevidstheds energi får vi et nyt forhold til vores krop, vi oplever den på en ny måde. Den bliver levende på en helt anden måde. Kroppen er et levende mysterium, der er så meget vi endnu ikke ved om den. Med vores æteriske sanser kan vi sanse dybere ind i kroppens mysterier og vi vil kunne samarbejde med den og forstå den på helt nye niveauer. Vi kan tale med den. Vi kan kontakte cellerne, atomerne.

Alt har en iboende bevidsthed, som vi er en del af. Vi kan få en bevidsthedsmæssig kontakt med alle dele af kroppens uhyre komplicerede netværk af liv og energi. Det giver svimlende muligheder for fremtidens sundheds og - helbredsforståelse. Bevidsthed bliver den afgørende kraft i forhold til helbredelse.

Vi vil opleve en sundhedssektor, hvor helbredelse er en integreret udviklings proces af det enkelte menneskes bevidstheds kraft. Integrationen af den åndelige skabelsesenergi bliver afgørende for evnen til at bruge egne selvhelbredende kræfter. De er til stede i alle mennesker, de skal "blot" aktiveres. Og vi kan få meget hjælp til denne aktivering fra de helbredelsesformer, der arbejder nænsomt sammen med vores krops egne healingsevner.

Jeg tænker her på forskellige former for frekvensmedicin, homøopati, meridian og chakrabehandling mm. Og healing i mange forskellige former. Jeg tror, krystalhealing og terapi vil få en fremtrædende placering. Krystaller har en stærk kraft og magi i sig. Og vi èr krystalvæsener, vores krop er krystallinsk. Når vi forbinder os med vores krystallinske natur, renser vi kroppen og løfter dens frekvens.[10]

Her vil jeg koncentrere mig om, hvordan vi kan træne en dybere kontakt med vores krop, skabe det samarbejde, der kan bevare vores sundhed og livsenergi.

Jeg har tidligere skrevet bogen "Vores Guddommelige Krop"[11] Her har jeg beskrevet, hvordan vi kan kontakte forskellige dele af kroppen, helt ned på celleniveau. Det skal ikke gentages her, jeg vil dog genbruge et par øvelser. Jeg vil her have fokus på et mere overordnet energetisk helhedsaspekt, se kroppen som et udtryk for den livsenergi, som flyder igennem os.

---

[10] Prøv den afsluttende Krystalhealing i næste afsnit: Tankeklima
[11] Elsebeth Karsholt : Vores Guddommelige Krop. Sundhed og Helhed. BoD 2020

Vi er kosmiske solvæsener, vi er i en stadig levende udveksling med universet, uden denne energetiske udveksling var der intet liv på jorden. Hvordan kan vi bedst muligt stimulere denne healende udveksling, hvordan kan vi aktivere vores selvhelbredende kræfter og hvad er det egentlig? Først vil jeg gå lidt dybere ind i det nok allervigtigste aspekt, som gør det svært for os at bevare et godt helbred og et overskud i livet.

Tankeklima

Vores tankeklima er faktisk det mest forurenende for vores krop. Japaneren M. Emotos kendte vandeksperimenter viser, hvordan negative tanker og energier forstyrrer og ødelægger vandmolekylernes opbygning i kroppen, krystalstrukturen ødelægges.[12] Det er tankevækkende og nødvendigt at forholde sig til.

Hver gang vi tænker negative tanker – vrede, angstfulde, depressive, hadefulde, nedgørende, fordømmende tanker, sætter vi en bølgebevægelse i gang i vores indre. Fysisk aktiveres vores nerve og hormonsystem, muskler spændes op, hjerte og vejrtrækning bliver påvirket. Vi sender bølger af ubalanceret energi i sving i hele kroppen, når vi bliver fanget ind af negative tankeformer. Helt ind på celleniveau bliver vi påvirket, kemiske ubalancer skaber forstyrrelse på de inderste fine celleniveauer. Negativt tankeklima slider og skaber spænding og forgifter vores fine indre balance både fysiologisk og energetisk.

---

[12] Se mere på Youtube om Masaru Emotos spændende forskning, se de fantastiske krystalbilleder af vandmolekylerne.

Tanker og følelser er dybt sammenhængende, tanker sætter følelser i gang, og følelser sætter tanker i gang, der samtidig aktiverer svingninger i hele kroppen. Vi kender alle til at have en knude i maven eller spændinger i nakken. Vores kroppe er fyldt med disse spændinger.

Det er nødvendigt at arbejde med tanke, følelse og kropsspændinger, hvis vi ønsker en mere avanceret spirituel udvikling. Vores kultur er på mange måder dybt præget af en usund solar- plexus energi, og det kræver vågenhed at undgå at blive inficeret, og det kræver en bevidst indsats at få renset kroppen for de tunge energier.

Der findes mange fremragende forløsende terapisystemer, som er meget virksomme og givende. Jeg skal ikke gå dybere ind i denne nødvendige renselse af krop og sind. kun understrege. Målet er at krop, sind og ånd forbindes i en smuk, flydende og balanceret treklang - en levende krop, et åbent sind, hvor vi mærker samspillet med vores åndelige bevidsthedskraft.

Den ny tids medicin bliver vores bevidsthed, vi skal lære at bruge vores højere bevidsthed som healende faktor i vores liv. Vi kan justere ubalancer og sygdomme igennem vores sinds evne til at mærke de frekvenser, der er nødvendige for helbredelsen. Vores krops evne til at regenerere i forhold til skader og sygdomme er umådelig, hvis vi forstår at bruge vores sinds bevidsthedskraft. Erkendelsen af placebo– og noceboeffekten er en start på at bruge denne kraft også i traditionel lægemedicin.

Den følgende øvelse sætter en dybere integration af krop og ånd i fokus.

Øvelse 6 Kropsscanningsøvelse

1. Du tager dybe åndedræt, finder ro og mærker at kroppen gennemstrømmes af energi.

2. Du åbner ind til dit hjerterum, mærker din hjerteenergi, og du åbner måske til en kontakt til dit tredje øje.

3. Du bevæger dig nu fra hjertet og ind i din krop. Du bevæger dig rundt i kroppen og mærker og noterer de sansninger, der måtte komme. Pulsering, farver, former, blokering, tyngde. Er noget mørkere eller lysere? Er der noget, der virker forkert?

4. Når du har bevæget dig gennem kroppen, så tak de enkelte celler, de enkelte dele af kroppen for jeres møde.

5. Slut med at scanne dig selv udefra. Hvis du kan se din energikrop, vil du også her kunne se den forskellige udstråling, som kroppen kan have. Er der lyse, mørke områder, som udtryk for balance/ubalance.

6. Som afslutning ser du dig omsluttet og gennemtrængt af healende lys.

Kropsscanningsøvelsen er en øvelse i at sanse spændinger, mindre energifyldte områder i kroppen for energetisk at kunne vibrere ny energi ind i de blokerede områder.

Krystalhealing

Som en sidste lille rensende healing, prøv at opløse de negative spændinger og energier i din krop, lad dem smelte i et krystalbad. Mærk krystallernes forandrende smukke, helende kraft strømme i din krop, specielt i de mere belastede områder i kroppen. Måske kan du til sidst opleve, hvordan din krop bliver en funklende diamant, der sender sit lys ud i verden.

Vores lyskrop

Mange har i disse år integration af krop og ånd som hovedtema i deres spirituelle proces. Vi er ved at nå det niveau, hvor vores fysiske krop kan rekalibrere. Den omkodes energetisk til et højere niveau, hvor det er de højere bevidsthedsenergier, der bliver styrende, også for de fysiske processer.

Flere har i perioder levet af lys, cellerne omkodes til en anden form for energiomsætning. De belives igennem de inderste cellekims kontakt til den universelle livsenergi. Den åndelige kraft gennemtrænger alt i universet. Den giver liv til alt fysisk stof, og jo mere vi kan åbne til et bevidst samspil med dens healende karakter, jo stærkere vil vores fysiske krop lyse med dens oprindelige æteriske karakter.

Vi er i vores essens lysvæsener med en guddommelig, indre lysende kerne, der har valgt den jordens fysiske udviklingsvej. Når vi dør, transformeres vi igen til vores æteriske form.

Vores kroppe er også en del af det planetariske åndedræt, ligesom vores jordklode er. Universets puls lever i os, vi ånder med vores klode, andre planeter og ikke mindst med solen. Solens plasma og æteriske udstrålingsenergier bliver med vores større energetiske åbenhed mere aktive og levende i vores fysiske krop[13].

Vi bliver integreret med vores transparente lyskrop. Vores kroppe vil lyse, og de vil være i en stadig udveksling med solens livgivende energier. Med tiden vil vi ikke kende til sygdomme og vores mulighed for at nå en høj alder vil blive en realitet. Vel at mærke en høj alder uden sygdom og med en stor regenerationsevne[14]

Vores receptorer i kroppen vil direkte modtage og omsætte universets energier og skabe den lys gennemstrømning, der også betyder, at vores fysiske krop bliver uafhængig af de fysiske naturlove. Flere og flere kan med deres bevidsthed transcendere de fysiske love, vi har kunnet rejse i bevidstheden udenfor tid og rum. Med tiden vil det også blive muligt at rejse med vores krop. Vejen bliver åbnet for en endnu større udveksling med vores omgivne univers.

Jeg slutter dette afsnit med endnu en øvelse fra min forrige bog: Vores Guddommelige Krop.

---

[13] Læs mere om plasma og æter i kapitel 7
[14] Læs evt. Baird t. Spalding: Østens Vises Liv og Lære 1-3, Strubes. En gammel klassiker fra 1970´erne.

Øvelse 7   At blive hel – At mærke Altet

1. Du ånder lys ind i et roligt åndedræt, mærker ro og lys
   brede sig i hele kroppen.

2. Du dirigerer lys og åndedræt rundt i kroppen, især til de
   belastede steder, hvor du ved, der er ubalancer.

3. Forestil dig, at det er Guds ånde, solens pranaenergi, den
   guddommelige upersonlige energi, som du fører rundt i
   kroppen. Brug den kilde for kraft, som er mest naturlig for
   dig.

4. Du mærker måske, hvordan det fysiske langsomt foran-
   drer karakter. Alt bliver mere gennemsigtigt, lettere, slør-
   agtigt. Du er nu i kontakt med din energikrop, der gen-
   nemtrænger hele din krop, og som er afgørende for din
   fysiske krops sundhed. Vær i dette i en periode, leg med
   den nye følelse af lys og lethed i din krop.

5. Nu går du et niveau dybere og trænger ind i de enkelte
   celler, ser dem som små lysende kim, der indeholder ko-
   derne til alt liv i kroppen. De rummer dine livskim. Og de
   er af evig natur. Den inderste guddommelige livsenergi i
   dine celler er i en evig pulserende udveksling med Altet.
   Mærk denne pulsering.

6. Mærk nu de umådeligt stærke healende energier, som lig-
   ger i dette skabede guddommelige bevidsthedsfelt. Lad
   dig gennemstrømme og blive helet, indtil du oplever, at

kroppen lyser. Du sidder i denne healing i en tid, så længe som det er naturligt for dig. Som en start kan jeg foreslå 5 – 10 minutter.

7. Afsluttende takker du for den dybe healing.

Denne healing skaber mulighed for at gå bag om de fysiske sygdomme og lade det dybere healingsniveau tage over, så celler, organer, væv kan tilføres ny livs- og healings kraft, som vitaliserer hele kroppen.

Den højfrekvente energi spreder sig i kroppen og aktiverer vores guddommelige livskim eller koder, og de forbindes til vores højere bevidsthedsvæsen. Øvelsen kan med stort udbytte gentages igen og igen, så koblingen bliver mere og mere manifest og en naturlig integreret energistruktur. De nye indre bevidsthedsrum bliver mere tilgængelige og aktiverede.

Det afgørende for, at processen kan blive effektfuld er, at bevidstheden kobles ind i en reaktivering af de livskim, som alle celler rummer.

Vores hellige Tempel

Vi lever med vores krop som noget helt naturligt, og vi er ofte forbundet med den på en helt ubevidst måde. Med den nye tid og bevidsthed vil vores forhold til kroppen forfines og udvikles. Vi vil blive èt med den på en helt ny måde, vi vil opleve den som en levende del af vores hele væren som et spirituelt energetisk væsen, som et udtryk for universets energi og lys.

Rejsen hertil har været lang. I fortiden var vi styret af instinkt funktioner, fight and - flightalarmen. Langsomt blev tanke og føle evnerne udviklet, vores mentale kapacitet. De mentale dele af hjernen blev forfinet og vores intelligens voksede. Nu er vi der, hvor vi er ved at afslutte, må afslutte den epoke, hvor de mentale evner og reptilhjernen er i fokus. Hjernens funktion skifter, det er hjertes kvaliteter, der er i fokus. Hjernen er naturligvis stadigvæk et vigtigt strukturerende og analyserende organ, hvor mange overordnede processer foregår, men hjertets højere kvaliteter kommer i højsædet.

Når kroppen bliver forbundet med empati og hjertets højere kvaliteter, bliver kroppen et tempel for højere visdom, og den bliver direkte forbundet med vores sjælsenergi. Frekvensen i kroppen vil stige, og vores udstråling vil markant ændre sig, og den vil blive en åbnende faktor også for den fysiske verden, vi er en del af.

Det ER store ændringer, der skal ske med os som energivæsener, med vores kroppe. Det vil give os store gevinster i forhold til selv-healing, for vores evne til at neutralisere uharmoniske, sygdoms-befordrende tilstande i kroppen, både fysisk og energetisk.

Vores krop bliver et selvhelbredende tempel, som hviler i en tryg og stabil balance med de universelle kræfter. Sygdomme bliver elimineret og vores tid bliver præget af intenst åndeligt udvik-lingsarbejde,

Når kroppe lyser, sætter det spor, andre mærker det, og resonans-fænomenerne går i gang. De højere spirituelle kvaliteter samler sig til et felt, der har mulighed for at åbne for endnu flere – mennesker, dyr, naturvæsener o.a., der resonerer med feltets energi.

Jo mere, vi som spirituelle mennesker kan få vores kroppe til at stråle og vibrere af lys, jo mere vil andre få hjælp til deres renselses og åbnings processer. Vores jord Gaia kalder på nyorientering og her er vores kroppe et omdrejningspunkt. Igennem vores kroppes krystalliserende effekt, kan vi arbejde dybt ind i jordens stof. Vi kan formidle en åbning, så de højere bevidsthedsstrømme kan integreres og dermed blive forbundet ind til jordens egen udviklingsproces. Jordens udvikling aktiveres og forstærkes.

Vi er vores krop, som vi er vores personlighed, vores jeg, vores sjæl og ånd. Vi er energetisk sammensat af uadskillelige dele, der tilsammen skaber det væsen, vi er lige her og nu. De enkelte dele kan variere i deres betydning.

I de unge år er det typisk vores personligheds jeg, der fylder. Senere kan perspektivet ændres, og for flere og flere flyttes det til de mere upersonlige sjælsenergier, der ikke i så høj grad er knyttet til vores psykologiske jeg. Vores udsyn bliver større, og personlighedens ofte svære favntag bliver løsere, karmalivet hårde skole mildnes, og ofte vil livet udfolde sig med større lethed og overskud. Kroppen integreres i vores udviklingsproces, den skal med. Det er det nye for tiden. Kroppen åbnes til at vibrere ind i helheden på en ny og belivende måde. Det er unikt, alle dele af vores energivæsen er uundværlige. Tidligere tiders adskillelse af krop og ånd er forbi.

Når vores kroppe forbindes med vores kosmiske ophav, hviler vores identitet i de højere kvaliteters perspektiv. Vi bliver dybere forbundet med vores kosmiske identitet. Vores kroppe lyser og sender sit forandrende lys ud til verden.

7. Med naturen som vejviser

Jeg vil i det følgende gå ind i naturens mysterier. Naturen skal her forstås meget bredt. Vi er selv natur. Vores kroppe er natur, universet, der omgiver os er natur.

Alt fysisk stof er i en levende udveksling med naturelementerne. Elementerne er naturens dybereliggende strukturerende kræfter, de danner vores fysiske verden. Vi kender til jord, luft, ild, vand og måske æter. Jeg vil her medregne endnu et par elementer, som med tiden kommer til at spille en større rolle i menneskehedens udviklingshistorie. Det er plasmaenergien og kærlighedskraften. Det er energiniveauer, der har stor sammenhængskraft, og de er grundlæggende i forhold til udviklingen af højere bevidsthed, både individuelt og kollektivt. De skaber bro mellem de højere ikke-fysiske niveauer – hele sjælsniveauet og de fysiske niveauer.

Hvis vi forestiller os den fysiske verden som et puslespil af forskellige energier, der skal samles til èn form, vil vi se, hvordan element-kræfterne er strukturerende i forhold til at skabe fysisk form. Disse skabende, strukturerende kræfter er aktive på alle niveauer. De er aktive, når stjerner og kloder skabes i universet, de er skabende i forhold til vores fysiske krop, de er en synligt levende del af vores omgivne natur.

Det er de målelige elementkræfter, vi oplever, når havet bruser, en vulkan er i udbrud, eller når lyn og torden udspiller sig. Vi bliver små, når vi oplever det, men samtidig er vi en del af dét, der udspiller sig i naturen, også i forhold til de naturfænomener, som jorden rystes af.

Der er en meget kompliceret sammenhæng mellem den menneskelige bevidsthed og de fysiske vejrfænomener, også de større katastrofer og rystelser. Jeg vil i det følgende forsøge at nærme mig nogle af de dybere sammenhænge.

Vi er energi og bevidsthedsvæsener, der hele tiden interagerer med vores omgivne univers. Vi er i et samspil med jordens indre som ydre kræfter og vores, menneskehedens bevidsthed har en afgørende indflydelse på de fænomener, der udspiller sig på jorden. Vi ser det selvsagt på de mere konkrete planer, hvordan vi opbygger vores samfundsstrukturer hvilken livsform, der dominerer. Der er endnu ikke så meget bevidsthed om, hvordan vores kollektive bevidsthed på mere subtile niveauer påvirker vejrforhold og naturfænomener.

Der breder sig en stadig større klimabevidsthed jorden rundt. Vi opvarmer atmosfæren og ændrer livsforholdene på jorden. Det er en del af en større bevidsthedsændring eller revolution, hvor vi bliver tvunget til at tænke i helheder og se jorden i en global og universel sammenhæng. Det bliver tydeligere og tydeligere for flere. Mange oplever en større omsorg og nænsomhed i forhold til jorden som organisme, nu hvor dens sårbarhed er blevet så tydelig. Det er en ny og åbnende tilgang.

Tankeenergier spiller også en rolle for jordens atmosfæriske fænomener. Vores jordklode er omgivet af et kollektivt bevidsthedslag, som er summen af de tankeformer, som udtrykkes og vibrerer i den menneskelige bevidsthed. Mennesker, der kan sanse energi, kan se, mærke tæthedsgraden af energierne i dette felt, der omgiver jorden.

Der er store udsving i tæthedsgraden, hvor livet er uroligt og konfliktfyldt vil tætningsgraden af energierne være tunge, og hvor naturenergierne er dominerende, vil der være en mere højfrekvent energi. I de tunge områder på jorden, vil de kollektive energier ligge som en slags tåge, som næsten er selvforstærkende. Her er det svært at løfte energien og mærke livets højere kvaliteter, i naturområder er det langt lettere at mærke livets storhed og fylde.

Disse forskellige vibrationstætheder påvirker hele det geografiske område, som de overlejrer. Rent fysisk ved vi, hvordan solen formørkes, når forureningen i byerne er stor. Det samme sker i den kollektive bevidstheds atmosfære, hvor tunge tanke og følelses energier er dominerende. Og det skaber grobund for mere turbulente vejrfænomener.

81

Vores omgivne atmosfære er forbundet til det kollektive bevidsthedsfelt, der en form for interaktion. Vi skal ikke forstå det lineært, der ligger komplekse multidimensionelle forhold bag vores vejrfænomener, men det er vigtigt at vide, at vejrfænomener også er afhængige af vores tanke– og følelsesverden, vores åbenhed mod højere ideer og visioner.

De indfødte indianere kendte til ceremonier, der kunne regulere vejret. De kunne samarbejde med elementerne og få regn, når de havde brug for det. At arbejde med vejrfænomener kræver en høj energi, en smuk vision og en stor ærbødighed og taknemmelighed i hjertet.

Vi er i en fase, hvor vi skal lære meget igennem vores forhold til naturen. Det er og vil i endnu højere grad blive en tid præget af voldsomme naturfænomener. Det er, som om Gaia væsenet vil ruske menneskeheden til at vågne op, så vi kan blive mere bevidste og målrettet i forhold til at skabe en ny balance og en mere harmonisk jord.

Mange ser, at turbulente år venter os. Det bliver år, hvor vi skal tænke nyt og finde på nye løsninger på de kriser, som vi har skabt på jorden. Naturen vil blive os en sand læremester. Den er fint reagerende på alle de påvirkninger, den får, det gælder både fysisk og energetisk. Vi udsætter vores jord for stærke fysiske udfordringer i form af forurening, vores overforbrug mm. På det energetiske plan spiller vores kollektive tankeklima spiller en stor rolle.

Vi skal lære at samarbejde med naturen, lade den være vores sparringspartner. Vi skal vide, hvornår vi tjener naturens og helhedens interesser. Vi er en levende del af den omgivne natur og vores krop er natur. Vi kan mærke, fornemme, når naturen hviler i balance eller den er død og misbrugt. Også på et personligt plan, kan vi mærke, om vores krop er sund, hel og energifyldt.

Med tiden vil flere og flere få evnen til at kommunikere mere direkte med de naturvæsener, som er naturens skabende medarbejdere. De er medskabere i forhold til at få frø til at spire og planter til at gro. De større naturvæsener er en del af de større natur - og vejrfænomener, der udspiller sig på jorden. Det er givende og inspirerende, at lære at samarbejde mere bevidst med elementernes og naturverdenens skabende energier og væsener.

Elementernes og naturvæsenernes verden

Elementernes essens er deres grundlæggende, strukturende funktion. De er et skabende bagvedliggende tæppe af energi, de er formgivende i forhold til alt fysisk stof. Vi er omgivet af, indlejret i deres energiskabende væsen, og det er givende at forene sig dybere med de forskellige elementkræfter og mærke deres egenart og særlige karakteristika.

Vi kender alle til jord, luft, ild, vand, dem vil jeg ikke gå dybere ind i her. Jeg vil med inspiration fra åndelige kilder tilføje tre nye elementer, æter, plasma og kærlighedskraften. Det kan virke overraskende at udvide elementverdenen på den måde, men jo mere jeg fordyber mig ind i det, jo mere giver det mening.

Æterelementet

I esoteriske kredse har æter altid været en levende realitet. Æter er mere finstoflig end fysisk stof, men mange kan sanse det som en udstråling omkring alt levende. Det er en levende gennemtrængende del af alt fysisk stof. Det æteriske felt belives af solenergi, og det er i en levende udveksling med universets energier. Det danner bro mellem fysisk stof og vores aura, der består af forskellige finstoflige energier, der samler sig til vores ikke- fysiske energilegeme, vores auriske felt .

Vores æteriske energifelt knytter os til stjerneenergierne i universet. Den æteriske energi er en vifteformet, næsten stjerneformet energi i en finstoflig vibration.

Vi kan sanse, når et menneske har en god udstråling, virker rask og sund, med godt overskud. Vi kan også sanse, når en plante strutter af sundhed. Det er et udtryk for, at dens æteriske energi, æterlegemet er stærkt og levende, at det er i en åben og givende kontakt med solens livgivende energi.

På samme måde bliver et menneske belivet af at spise planter, der er vitale af solenergi. Det nærer vores æteriske felt og hele vores krop. Jeg vil senere komme ind på, solenergiens fundamentale betydning for hele vores væsen[15]

De æteriske kræfter er vigtige i forhold til at bevare vores sundhed. Hvis vi misbruger os selv, spiser forkert, udmatter os på

---

[15] Læs mere i kapitel 8 i afsnittet om Solvæsenet

forskellig vis, svækkes vores æteriske felt, og et dårligt kredsløb er i gang. Vi bliver fysisk svækkede og måske syge. Hvis vi derimod spiser naturens levende føde, opholder os i naturen og fylder os med dens æteriske kræfter, bliver vi belivede og vores krop genopbygges.

Øvelse 8 At sanse det æteriske

1   Placer dig et godt sted, gerne i naturen og mærk din forbindelse til planterne, træerne, himlen, solen, til havet. Når du ånder ind, forestiller du dig, at du ånder naturenergien ind i dit væsen.

2   Mærk, hvordan du udvider dig, føler dig lettere og mere transparant. Du kommer mere og mere i kontakt med dine ikke-fysiske energier, dine fine lette æteriske energier.

3   Det er som om din krop nu er gennemtrængt af, måske næsten opløst til en fin næsten tågeagtig energiform. Sid i denne oplevelse et stykke tid, mærk finheden og letheden.

4   Nu lader du din æteriske krop gennemstrømme af solens energi. Lad solenergi strømme igennem dig og lad den genoplade dig med kraft og overskud. Mærk, hvordan din krop fryder sig og dine celler lyser.

5   Til slut sidder du som en lysende krop, der er helt belivet af æterisk energi. Giv dig god tid.

6   Mærk kroppen, mærk forskellen og tak solen for dens liv-
     givende energi og glæd dig over, at du på en enkel og na-
     turlig måde kan blive en del af dens overvældende kraft
     og energi.

Det er en dyb og skøn måde at heale sig selv på. Solens kraft er
altid tilstede, nat og dag. Vi kan altid forbinde os med den. Vi er
solvæsener, og vi har en direkte kontakt til den fysiske sol. Øvel-
sen kan være en start på at bruge universets energi på en mere
direkte og bevidst måde. I det fysiske liv kender vi til at solbade.
I denne øvelse oplader vi på en mere bevidst energetisk måde vo-
res celler, organer, hud, ja, hele vores krop, så den kommer i en
ny balance med universets kræfter.

Plasmaelementet

Plasmaenergien er ligesom æterenergien en energi, der sammen-
binder de forskellige energilag i universet. Plasmaenergien kal-
des stjernernes brændstof og hører til en af de mere højfrekvente
energiformer, men den findes også i lavenergetiske former. Vi
finder den i mange ting, fra neon i reklameskilte til lyn og nordlys
på himlen.

Plasmaenergien er en energiform, som jorden, i dens højfrekvente
form, endnu ikke har så meget kontakt til. Med tiden kommer
den til at spille en afgørende rolle. Vi vil med tiden blive i stand
til at bruge dens umådelige kræfter indenfor mange felter, ikke
mindst i forhold til energiforsyning og sundhed. Der foregår

allerede en del forskning, der forsøger at åbne til denne uendelige kilde af evighedsenergi.[16]

Plasma er ledende, den kan opsamle de højfrekvente energier fra universet, så de kan gøres brugbare for den fysiske verden. I forbindelse med udviklingen af nye energikilder på jorden er plasmaenergien uomgængelig. Store forureningsfrie energier kan strømme til jorden fra universet.

Indenfor sundhedsvæsenet kan dens ledende energier også bruges. Universets helende energier kan i kondenseret form ledes igennem kroppen og på den måde heale og balancere hele vores energifelt. Det åbner for en fornyet kobling til vores eget kosmiske væsen, en integration af ånd og stof.

Arbejdet med plasma har utrolige perspektiver. Udforskningen er allerede i gang rundt omkring på jorden, og det vil for alvor tage fat i de kommende årtier, kun fantasien sætter en grænse for betydningen af denne energikildes formåen.

Plasmaenergien kan ikke direkte sanses, men vi kan få en fornemmelse af den ved at tage på en rejse i solens indre. Eller du kan forestille dig at dykke ned i en vulkans indre med dens flydende lavamasse.

---

[16] Læs evt. mere i Illustreret Videnskab 14 sept. 2021. Plasma bliver det ultimative brændstof.
Se evt. også Keshe Foundations banebrydende arbejde med plasmateknologien. https://keshe.foundation/plasma og youtube-kanalen https://www.youtube.com/c/KeshefoundationOrg

Øvelse 9   At rejse i solens indre

1. Du sætter dig godt til rette, tænker på en sommerdag, hvor du solbader og langsomt mærker solstrålernes varme gennemtrænge din krop.

2. Du åbner dig endnu mere for solens indstrømning, og du mærker, hvordan du kan blive en del af dens væsen. Prøv at forestille dig at du bader i solens indre flydende gyldne strøm af varm plasma energi.

3. Din krop bliver som plasmaenergien, flydende, hele tiden skifter den form. Mærk dens ophøjede gyldne karakter. Vær i dette lysende gyldne solhav, indtil du mærker, at din krop har vænnet sig til den nye tilstand. Giv dig godt tid.

4. Når du er parat, vender du tilbage til din fysiske krop. Måske mærker du, at plasmatilstanden har givet din krop en ny bevægelighed, og gjort den mere energifyldt.

Plasmaenergien kan udtrykke sig på forskellige måder. Det er en bevægelig ildagtig energi, der hurtigt kan skifte karakter og til en vis grad frekvens. Denne lille øvelse er et forsøg på at gøre den mere levende for os, så vi kan mærke dens kraft og ophøjede vibration.

Vi er på et begyndende udforskende stadium i forhold til plasmaenergi. Tiden vil gøre den mere håndgribelig og operationel som en udviklende dynamo indenfor mange områder. Det bliver spændende at følge denne udvikling og de nye muligheder, som denne nye energikilde vil give os kollektivt og individuelt.

Kærlighedskraften som element

Jeg har tidligere beskrevet kærlighedskraftens afgørende betydning for hele menneskehedens og universets udviklingscyklus. Det er den kraft, som er den grundlæggende årsag til al udvikling. Den rummer længslen efter at blive forenet med livets allerhøjeste aspekt, at blive èt med Guddommen, som Martinus kaldte det. Den er drivkraften i universet, og det er derfor, jeg kalder den en af vores elementarkræfter. Den er den mest grundlæggende af alle, uden den vil alt falde sammen. Det er den dybeste sammenhængskraft i universet.

Jeg har tidligere i bogen[17] beskrevet, hvordan vi kan åbne for hjertet og mærke kærligheden strømme, og hvordan den forbinder sig til de højeste aspekter i menneskelivet. At åbne op for kærligheden er den dybeste søgen og det dybeste udtryk for vores menneskelige eksistens. Den rummer vores længsel efter enhed, der er den underliggende drivkraft for vores liv i inkarnation efter inkarnation.

Kærligheden udtrykker sig i mødet mellem 2 mennesker, i den seksuelle forening, i kærligheden mellem børn og forældre, i det dybe venskab. Det er de grundlæggende kærlighedsoplevelser for mange, og disse oplevelser udvikles langsomt til at omfatte

---

[17] Kap.2 og 3

større og større helheder. Målet er, at vi med tiden oplever os som kollektive væsener, der kan omfatte alt med en favnende og medfølende kærlighed, en alkærlighed, som Martinus kalder det.

Den største transformation i menneskelivet sker, når vi går fra at være individuelle væsener til at være kollektive væsener, der er i en levende og kærlighedsfyldt udveksling med alt levende. Det èr vores endemål.

Vejen er lang, og vi tager skridt efter skridt, og vi må være glade for hver skridt vi tager. Lad os glæde os over, når vi individuelt som kollektivt oplever, at hjertets sprog og kærlighedskraften er i centrum. Lad os glæde os over åbninger og inspirationskilder på den universelle udviklingsvej.

Som afslutning på dette afsnit om elementkræfter, er det vigtigt at gøre opmærksom på, at vi alle har mulighed for at trække på disse stærke kræfter. Vi kan alle forbinde os med vandets krystalliserende energi, solens umådelige ildkraft og plasmaenergi, luftens lette og flygtige energier, der ligger tæt på æteriske energis mere forfinede opløsning af fysisk stof. Og vi kan alle mærke kærlighedskraftens forvandlende og ophøjede virkning. Her lutres og forgyldes alt.

Det er energiformer, der stilles til rådighed for alle. Vi kan frit og kvit benytte dem, aktivere dem i vores liv med fornyet sundhed, kraft og overskud til følge.

Naturvæsnernes verden

Naturvæsenerne kan hjælpe os med den store transformation, som venter os som menneskehed. De er ukendte for mange, men vi er omgivet af dem, de er en levende del af os og vores omgivne natur. Vi er i en proces, hvor vi alle skal forfines energetisk, vores legemer skal blive mere finstoflige, og vi skal forbinde os dybere med vores ikke-fysiske identitet.

Mange mærker, hvordan en gåtur i naturen gør noget ved os. Vi føler os oplivede, føler os lettede og mere i balance. Vi har brug for naturen i denne tid, hvor mange er i gang med så store forandringer, ikke mindst energetisk. Den uspolerede naturs fine æteriske energi hjælper os med at sanse vores egen æteriske krop og skaber en følelse af lethed. Vi bliver mindet om vores egen indre lysverden.

I naturen arbejder umådelige skarer af ikke-fysiske væsener, de har en form, men de kan ikke umiddelbart ses af det fysiske øje. De er formskabende i forhold til naturens vækst og udvikling. De er inddelt i mange kategorier, og her nævner jeg bare nogle få. Nogle sørger for, at de små spirer får grokraft, andre er er energiholdere og tilfører energi for de store træer, og der findes også de store landskabsengle og devaer[18]. De store engle og devaer har stor bevidsthed og overblik, og de styrer de mange processer, der foregår i de områder, de er bestyrere af.

---

[18] Læs evt. mere om devaer og naturvæsener hos Eskild Tjalve: Devaer. Bogans Forlag 1996

Der er et umådeligt netværk og hierarki af for os usynlige hjælpere, der på alle måder sørger for at vores omgivne natur trives og udvikler sig. De er belivere og knyttet ind til naturens skabelseskræfter, og de arbejder i tæt kontakt med elementverdenen, ikke mindst med solens livgivende energi.

De er uselviske hjælpere for menneskeheden. De repræsenterer en anden udviklingslinje end menneskehedens. De er finstoflige og de har ikke et jeg, der er styrende på samme måde, som vi kender det fra os mennesker. De er alkærlige, og deres dybeste længsel er at hjælpe og søge mod helhed og opfyldelse af de guddommelige love. De udtrykker på mange måder de idealer, som vi som mennesker med nødvendighed må søge hen imod. De er ikke emotionelle, deres opgave er at tjene helheden.

Der er stor inspiration i at nå til en dybere kontakt og interaktion med disse skønne væsener, og det er ikke så svært. Flere og flere mærker, hvordan naturen er levende, mærker planter og træers væsen. Der er lavet forsøg, der viser, at planter reagerer på mennesker, der har udsat nærtstående planter for en hård og brutal behandling. De reagerer på denne person, hvis vedkommende igen kommer i nærheden af dem, og det sætter en kædereaktion i gang hos planter, der står tæt på.[19] Og vi kender alle til at have grønne fingre. Mennesker, der har en energi, som planter elsker og trives med. Nogle taler om, at planter elsker rolig harmonisk musik, ja, og hvorfor ikke. Vi ved, at dyr og vand påvirkes af musik. Alt er levende og har en frekvens og påvirkes af andre frekvenser.

---

[19] Peter Tompkins: Planternes hemmelige liv 1 og 2.
  Forlaget Thanning og Appel 1975

Planter og træer har en form for følelsesliv, en genkendelses- og hukommelsesevne. Mange har oplevelser af, at træer kan genkende og hilse, hvis der er skabt en energetisk kontakt. Faktisk ligesom dyrene kan. Det ER det organiske livs karakteristika, vi er levende væsener, vi er i samspil med andre levende væsener. Dybest set ER vi jo èt, og vi kan mærke denne enhed, der er så belivende for vores finere energilegemer.

Naturvæsenerne favner os med stor kærlighed, og de ønsker at hjælpe os til en højere oplevelse af naturen, at vi sanser den som et levende væsen. Vi er deres brødre og søstre, og vi skal sammen få vores jordklode til at overleve på bedste måde. De arbejder ihærdigt på alle niveauer, og de er taknemmelige for ethvert samarbejde, som vi mennesker åbner for.

Jeg har skrevet på denne bog i en olivenlund på Kreta. Jeg har siddet hver dag i min åbne tilstand og oplevet den medlevelse, som oliventræerne har. Min følsomhed og omsorg for dem løftede dem og fik dem til at lyse.

Og det modsatte gjorde sig også gældende, deres smukke energi inspirerede mig. Det var et smukt og udviklende møde. Jeg fik også kontakt til oliventræernes artsdeva. Den fortalte mig, at mange oliventræer er truede på grund af den tiltagende tørke og varme i Sydeuropa, men at man arbejdede på at udvikle nye sorter, der er mere modstandsdygtige.

Der er en særlig energi i en olivenlund, der er en ophøjet stemning blandt de ofte meget gamle krogede træstammer. Træerne rummer tusinder af års tilpasning, og de er udviklede til at klare det krævende sydeuropæiske klima, men lige nu med de hurtige

klimaforandringer, er oliventræernes naturvæsener på overarbej-
de. De kæmper for at få dem til at overleve. Hvor kunne det være
nyttigt, hvis vi kunne lytte til deres stemmer med vores indre san-
ser. De kunne komme med gode råd og en indsigt i, hvad oliven-
træerne som væsener har brug for.

Denne form for kommunikation kan vi naturligvis også have med
træer i vores egen have, eller hvis vi går en tur i naturen. Den
efterfølgende øvelse er en inspiration til at etablere en dybere
kontakt med et træ og dets unikke væsen.

Øvelse 10   At mærke et træ

1   Du nærmer dig langsomt og ærbødigt det træ, som du
    valgt at få en dybere kontakt med

2   Betragt det, lad din bevidsthed åbne sig og mærk, hvor-
    dan du udvider dig og smelter sammen med træet ener-
    getisk.

3   Omfavn det fysisk og mærk, hvordan dit hjerteområde
    åbner sig, mens du står der.

4   Sæt dig evt. med ryggen op ad stammen og mærk, hvor-
    dan du bliver et med stammen, med rødderne og de fi-
    nere bladbærende grene i toppen. Rødderne skaber for-
    bindelsen ned i jorden og bringer næring og vand op i
    stammen til bladene, der sammen med solens energi ska-
    ber fotosyntesens livgivende energi.

5   Mærk træets energi, fornem dets væsen. Måske har det et
    budskab til dig. Vær åben og lyttende. Og til sidst takker
    du træet for den smukke kontakt.

Det er fascinerende at gå fra træ til træ og mærke forskelligheden
i deres energi og udtryk. Udstrålingen er forskellig og ligeledes
har deres eventuelle budskaber forskellig karakter. Deres bud-
skaber formidles igennem de deva væsener, der er knyttet til træ-
ernes vækst og egenart. De overlejrer træerne energetisk som be-
skyttere og energiformidlere, og de har en højere bevidsthed.

De foregående øvelser kræver lidt træning, for at du kan få det
fulde udbytte. Men langsomt hjælper de dig til at mærke dit eget
organiske væsen, at vi er i familie med andre organiske vækster.
Og på den måde åbner vi til en følsomhed med alt levende, der
peger frem mod en større nænsomhed og respekt for naturens
balancer. Det er en smuk måde at være i naturen på. Vi udvikler
vores naturoplevelse ved at åbne for energetisk kontakt og ud-
veksling med de naturvæsener, vi møder, det være sig dyr, træer,
planter eller sten og bjerge.

 Alt kan kontaktes med vores indre sanser, og vi vil blive beriget
af at få et indblik i en anden verden, som egentlig ikke er så langt
fra vores. Vi bliver i stand til at møde den fra det bagved liggende
energiplan, som vi har fælles. Også på det fysiske plan består vi
af de samme grundstoffer. Det er ikke svært at mærke vores lig-
hed med de andre naturvæsener. Vi er også natur og et naturvæ-
sen.

Med tiden vil vores finstoflige indre sanser blive kraftigt udvik-
let, og de vil komme til at spille en langt større rolle i vores livs-
oplevelse og forståelse. Med tiden vil i kroppen mærke, hvordan
vi fysisk og energetisk er en levende del af alt, også af naturens
forunderlige verden.

Det er et centralt tema i vores evolution, at vi åbner for kontakten
til andre naturvæsener. Livet udvider sig, og der åbnes for nye
verdener, der har været skjult for mange. Verdener, der kan be-
rige os til større indre vækst. Naturvæsenernes verden er utroligt
mangfoldig og fascinerende.

Måske korresponderer du mest med en bestemt gruppe af disse
væsener. Måske oplever du en særlig enkel og let adgang til træ-
ernes verden, bjergenes kalden, eller de store havdyrs brede spek-
trum af forfinede energier. Måske kalder oceanernes hvaler og
delfinernes leg, eller du ser indre billeder de store smukke land-
skabsengle.

Gå på opdagelse, åbn dig, det er et eventyr. Mærk, hvad dit ener-
gisystem reagerer på og glædes ved. Der er meget berigelse at
hente, og mange skønne oplevelser vil komme til dig. Og naturen
mærker din medleven og hengivenhed, og glædes.

8. Det levende Univers

Den nye bevidsthed åbner for en ny oplevelse af universet. Vi begynder at se det som en levende verden, der er forbundet med jordens liv og med os jordmennesker. Universet er et levende felt af interagerende energier, der afspejler de forskellige himmellegemers energi og udstrålingseffekt. De danser en fascinerende dans med hinanden i et stadigt foranderligt og pulserende liv.

For vores indre esoteriske øje, er det umådeligt smukt at iagttage. Det bliver tydeligt, hvordan vi hele tiden påvirkes af og er i et samspil med energier i vores galakse. Og på et endnu større og svimlende plan danser galakserne med hinanden. Her vil jeg gå lidt dybere ind i forskellige himmelvæsners karakteristika og åndelige fremtrædelsesformer.

Vores klode Gaia

Jorden er et klodevæsen med en bevidsthed og en fysisk og åndelig fremtrædelsesform, som alle andre væsener. Vi har brug for at ændre vores syn på jorden, så den bliver Gaia, en levende og bevidst hjemmeplanet for vores civilisation. Den er udgangspunkt for vores fysiske liv. Den har sit eget planetliv, men den er også afhængig af os mennesker, af vores liv og bevidsthed.

Planeterne er storslåede væsner med en stor udstrømnings og tiltræknings kraft. Alt i vores solsystem står i en levende kontakt med hinanden, det har mennesker til alle tider vidst.

Alle fysiske væsner på jorden er knyttet ind til det, man kan kalde jordens DNA, vi er forbundet dybt ind i jordens opbyggende struktur og fysiske skabelses koder. Vi bærer jordens DNA i os. Det er et DNA, der stammer tilbage fra de første skabelsestider for det planetariske, fysiske solsystem.

Med den nye bevidsthed er det muligt at skabe/genskabe den gamle energetiske kodeforbindelse til jorden som planet. Vores og jordens udviklingsproces er afhængig af, at en ny kontakt bliver realiseret. Jorden er er et højt vibrerende væsen, men mange af de væsener, der bebor den, er det ikke.

Mange spirituelle lysarbejdere arbejder på at genskabe en kollektiv balance, så der skabes en symbiose mellem jorden og de væsener, der bebor den. Det er et vigtigt og fremtidsorienteret arbejde. Jeg har tidligere omtalt, hvordan der arrangeres lysrejser, hvor gamle helligsteder forbindes med de nye bevidsthedsimpulser. Hele områder bliver revitaliseret, og de bliver energetisk forbundet med kosmos og den indre jord. Det er en form for ny-skabelse og opgradering af jordens energifelt.

Vi mennesker har en enestående placering på jorden. Martinus kalder os for jordens hjerneceller. Vi er de store skabere af jordens udvikling på godt og ondt. Med tiden skabes der nye muligheder for at gå ind i en mere direkte udveksling med Gaiavæsenet, det vil skabe grobund for et bevidsthedsmæssigt løft både for Gaia og for alle levende væsener. Et nyt liv åbenbares den dag, vi kan leve i dyb kontakt med vores jordvæsens æterisk fine og rige liv. Mange naturfolk har stadigvæk en kontakt med disse energier.

Lad os gå ind i en kontakt med Gaias smukke energier.

Øvelse 11 At mærke jorden

1 Du ånder dybt og mærker kontakten til jorden, mærk ned gennem dine fødder og fodsåler. Du trækker linjer dybt ned i jorden, ligesom et træs rødder, der trænger dybere ind mod jordens centrum.

2 Du ånder ind og udåndingen skaber kontakt dybere og dybere ind i jorden. Sid en tid i dette åndedræt, hvor du ånder med jorden.

3 Efterhånden kan du mærke, hvordan du og jorden går ind i samme rytme. Mærk det fælles åndedræt, mens du bliver mere og mere i èt med jordvæsenet. Mærk i dit indre, hvordan oplevelsen af jorden som et levende væsen intensiveres.

4   Kan du mærke, hvordan både du og Gaia begynder at vibrere og lyse på en ny måde. Energien intensiveres, og både du og Gaia går ind i en fælles healings proces.

5   Sid i denne healing i et stykke tid. Derefter vender du tilbage til din normaltilstand og takker Gaia for samarbejdet.

Denne øvelse træner kontakten med Gaias indre væsen, fortsæt gerne med den i dit daglige liv, mærk din urgrund, jorden under dine fødder, når du går. Det skærper vores følsomhed til at se vores jord som en medvidende, levende del af os selv og vores univers. Oplevelsen af, at vores jord ikke er adskilt fra os, men en levende del af os.

En sådan bevidsthed skaber grobund for at handle ansvarligt over for vores natur. Alt for længe har udnyttelse og grådighed haft overtaget, nu er det afgørende vigtigt, at vi lærer en ny respekt og en ny omsorg for vores skønne klode. Klimakrisen tvinger os til at forholde os til vores planet på en ny måde. Vi kan kun håbe, at dette faktum er et afsæt til en øget bevidsthed om vores levende klodes væsen og natur.

Gaias indre

Med den dybere indre kontakt til jorden som et levende væsen er det muligt at åbne til nye sansninger af Gaias indre, her finder vi jordens indre sol og hjerte, et højt vibrerende energifelt. Jordens indre rummer stærke solkræfter, som er drivkraft for jordens ud-vikling. Herfra strømmer stærke æteriske energier, der forbinder sig med andre planeter og solsystemer i universet. Og også med os mennesker, for vi er også solvæsener.

Vi kan med vores højere sanseevner kontakte Gaias indre cen-trum og på den måde blive en del af den planetariske bevidsthed, som det er et levende udtryk for. Samklangen mellem vores hø-jere bevidsthed og Gaias bevidsthed vil skabe afgørende mulig-heder for det bevidsthedsskifte, som både vi og Gaia er en aktiv del af.

Det er stærke energier, der på denne måde kan aktiveres, og de vil være forvandlende for alt liv på jorden. Energifrekvensen hæ-ves og jordens lys intensiveres. Det er et særdeles vigtigt for spi-rituelt bevidste at søge dette samarbejde med Gaia. Der er en skønhed og storhed i mødet med jordens højere bevidsthed, som er dybt givende for vores spirituelle udviklingsproces.

Øvelse 12 At møde Gaias indre

1. Du ånder dybt og kontakter Gaia væsenet. Mærk dine rødder dybt ned i jorden, lad dem bevæge sig dybere og dybere ind mod centrum af jorden.

2. Forestil dig, at du nu er dybt inde i jorden. Hvad mærker du, ser du noget? Bliv der til du oplever en kontakt.

3. Hvad sanser du? Det kan være et stærkt lys, et stærkt ud-strålingsfelt, en stærk pulsering af energi. Måske varme? Måske noget helt andet. Måske nogle energivæsener?

4. Selvom du måske ikke oplever så meget, så visualiser en sol i Gaias indre centrum og lad den stråle ud gennem jordmassen, så hele kloden bliver energetisk belivet. Og se, hvordan jorden lyser og stråler i universet.

5. Mærk, hvordan din healing af Gaia skaber en ny vibre-rende energi i Gaias væsen, og mærk hvordan du bliver èt med Gaia i et smukt lysende felt.

Denne øvelse rummer en renselse og en opgradering af jordens energifelt. Vi skal løfte vores og jordens bevidsthed i et inspireret samarbejde. Vi må tage skridt for skridt hen imod manifestatio-nen af det nye liv og den nye jord. Og jo flere vi er, der arbejder med denne vision og dette energetiske lys, jo mere effektfuldt er det. Processen er i gang og vi kan alle gøre vores ved at gå ind i et skabende samarbejde med de stærke hjælpende energier, der er til rådighed for os fra den åndelige verden.

Hele vores galakse er optaget af denne proces ja, den er en le-vende del af den. Det ER en fælles ascensionproces.

Solvæsenet

Vi er solvæsener, vi lever af solens udstråling, vi ånder solens energi ind, og uden den er vi ikke i live. Den er centrum i vores planet- system, og alt liv, stort som småt, er afhængig af solenergien. Solen er vores centrale livs kilde. Fra solen strømmer prana og plasma energier. Energier, der beliver vore fysiske og æteriske krop.

Vores energisystems forskellige lag er afhængig af de indstrømninger, vi får fra universet. De to energilag, der er tættetest på os, vores fysiske og æteriske krop har begge solenergi som skabende byggesten.

Prana og plasma energierne er, som jeg tidligere har beskrevet, højt vibrerende energier, som har en sammenflettende funktion i universet. De er en slags "rod"- energi for vores fysiske univers, de binder den fysiske og åndelige verden sammen. Når vi bliver mere bevidste om deres eksistens, kan vi etablere et skabende samarbejde. Nye potentialer kan komme i spil i vores liv.

Solen er vores store livgiver. I de gamle kulturer var soldyrkelse fremherskende, de var klar over dens betydning. Vi kan også stille vores bevidsthed ind på solens livgivende kræfter og på den måde blive en mere integreret del af solvæsenet. Som jorden har et klodevæsens karakteristika, har solen et stjernevæsens bevidsthed, med en både fysisk og åndelig fremtrædelsesform.

Når vi åbner for solvæsenets livgivende energi, vil vores krops indre sole blive tændt. Vi er i vores energetiske opbygning forbundet med, kodet med solens DNA. Vi har i vores indre i de inderste dele af vores celler, solkim, der langsomt bliver aktiveret, "tændt" når vi får kontakt med vores eget solvæsen. Denne kontakt er en central del af vores åndelige udviklingsproces. Vi er sol og lysvæsener i vores essens.

Kontakten til vores eget solvæsen, og solenergier i det hele taget, giver mulighed for et dybere samarbejde med universet. Vi kommer i kontakt med andre sole og planeter, for slet ikke at tale om vores egen jords indre sol.

Med den nye vækkelse af menneskehedens solbevidsthed, vil jordens vibration stige og den vil løfte sig mod ny lysintensitet.

Øvelse 13 At mærke solenergien

1. Du slapper godt af og mærker dit eget dybe åndedræt. Efter et stykke tid forbinder du dig med solen. Mærk dens stråler, varmen, måske kan du få en næsten fysisk fornemmelse af en solstråles energi. Det er en skinnende, lysfyldt, uendelig fin og let stråleenergi. Sid i oplevelsen et stykke tid.

2. Nu arbejder du med at skabe en dybere forbindelse imellem dig og solen. Forbind dig i dit indre, og mærk at du kommer i en direkte kommunikation med solen, et indre samarbejde. Energien bølger imellem dig og solen som et dybt åndedræt.

3. Du og solen bliver mere og mere èt. Mærk, at I bliver èt væsen. Du ER solvæsenet, mærk den lette, flydende,

gyldne energi. Den er både intens ildagtig og alligevel let og æterisk.

4. Du Er din sol, og du stråler som det solvæsen, du er. Sid i oplevelsen, så længe det virker rigtigt. Langsomt vender du tilbage til din normal tilstand med en tak til din indre og ydre sol.

Som nævnt i øvelsen rummer solenergien det flydende ildagtige plasma element, men også den lette pranaenergi. De er "byggesten" for vores krop, derfor er det også muligt at leve af lys. Igennem chakraerne nærer solenergien både vores fysiske og æteriske krop.

Med tiden vil det nok blive mere almindeligt at bruge solenergi som "føde". Det fortæller også, hvor afgørende vigtig solen er for vores overlevelse. Solenergien kan aktivere alle de vigtige livsprocesser i kroppen, den har kontakt til cellens inderste skabelses niveau. Det er "alkymi" på højeste niveau, et udtryk for samspillet mellem det guddommeliges skabelsesevne og din egen indre essens.

Solenergien bliver i de kommende århundreder en vigtig, om ikke den vigtigste energikilde på jorden. Fra den kan også plasma energiens store kraftpotentiale hentes og blive til strøm. Vind og bølgeenergi vil også blive stærkt udviklet. Nye bæredygtige teknikker venter på at blive udfoldet på jorden.

Vores Flammevæsen

Vi fortsætter arbejdet med at forstå os selv som solvæsener, vores indre flammenatur. Med flammenatur skal forstås de fineste stråleformede materier, som ligger som de yderste og højest vibrerende energilag i vores energisystem, vores aura. De er i kontakt med solens energetiske ildstruktur. Når vi som mennesker er fuldt spirituelt udviklet, vil vores aura lyse og få en flammestruktur. Jesus skikkelsen er ofte afbildet med en gylden aura, det er et udtryk for sådan en udviklet flammende aura energi.

Her kommer en øvelse, som renser hele vores energi ved hjælp af solenergi.

Øvelse 14   Solhealing

1   1 Du skaber en kontakt til dit indre ved at ånde dybt og regelmæssigt. Kontakt din indre sol, mærk varmen brede sig i hele kroppen. Og mærk, hvordan dine celler åbner sig, og du kommer i kontakt med deres indre solkim, lad de små sole stråle i hele din krop. Giv dig god tid til at få aktiveret hele kroppen.

2   Kroppen lyser mere og mere og mærk nu, at du ER en stor sol, der brænder alt unødvendigt bort. Alle de blokerende energier – gamle, forældede bindinger. Gamle tankemønstre, forældede rutiner, emotionelle mønstre. Alt, hvad du kan komme i tanke om, som forhindrer dig i at være det menneske, du drømmer om at være.

3   Forestil dig, hvordan alt bliver forløst, brændt af din sols stærke stråler. Og du bliver et kraftværk, hvor solens stråleenergi skaber et stort ildagtigt, flammende lys omkring dig.

4   Sid i denne energi i et stykke tid. Du sidder i et gyldent lysende hav. Alting forsvinder, og du lutres og heales af dine indre solkræfter, der er i energetisk kontakt med den store sol.

5   Mærk dit eget flammevæsen. Lad det lyse så længe, det føles rigtigt. Og langsomt vender du tilbage med en stor tak i hjertet for at nå i kontakt med essentielle energier i dit indre væsen.

Vi er solvæsener, og i vores mest oprindelige form er vi et udtryk for den guddommelige flamme, den gnist som startede hele vores livsbane på jorden. En livsgnist, der rummer de koder, der langsomt udvikler os som evolutionsvæsener.

Dybt i vores flamme bevidsthed lever vores guddommelige identitet og enheden med den guddommelige skabelses kraft, vores kosmiske DNA.

Stjerneliv

Igennem vores solvæsen er vi i kontakt med universets stjerner. Stjernerne på nattehimlen har altid fascineret os. Med fødslen af vores universelle natur, vores solvæsen bliver en indre kontakt etableret til universets stjerner og galakser.

Mange føler sig allerede knyttet ind til forskellige stjernesystemer, og flere har åbnet til en kontakt med Andromeda galaksen, jordens nabogalakse. Mange kanaliserer stjerne entiteter fra forskellige stjerneverdener. Vi Er på vej ud i rummet, både fysisk med raketter mm., men også på indre rejser. Energiportalerne er åbne, og der er stor bevågenhed fra universets andre civilisationer på jordens udvikling.

Med denne åbenhed mod et større univers, er vi ikke blot væsener i vores eget solsystem, vi oplever et fællesskab med hele universet og begynder at få kontakt med væsener i andre stjernesystemer, på andre planeter. Det er svimlende og betagende at udforske det store universelle rum og mærke slægtskabet.

Der er en stor interesse og en urokkelig vilje fra universet til at hjælpe os jordmennesker og vores klode videre i vores udviklingsproces. De fleste af de stjerneenergier, der kontakter os, er højt udviklede, og de kan inspirere os fra et højre niveau. Og igennem deres kontakt åbner vi for kontakten til vores eget indre kosmiske væsen, hvor hele kosmos er vores hjem.

Stjernebørn

Mange af os har gamle eller nye inkarnationer i andre stjernesystemer, men hukommelsen om det har været slukket. Nu åbnes der op for dette niveau, flere kommer i kontakt med tidligere stjerneliv. Og samtidig inkarnerer flere stjernevæsener her, stjer-nevæsener, der ikke har erfaring med jordiske inkarnationer. De vælger at inkarnere her for at hjælpe os og for at skabe en bro mellem os og deres stjerneverden. Denne udvikling er i gang, og den vil intensiveres.

Det kan ofte være vanskeligt for stjernevæsener at komme til jor-den. Deres fint vibrerende legemer kan have det svært, og de kan have vanskeligheder med at forstå vores sociale samspil. Det vil derfor ofte kræve flere inkarnationer før, de helt kan udfolde de-res talenter. Mange børn og unge har vanskeligheder med at være i "livet" og føle glæde ved at vokse op. Og for nogle af dem skyl-des det, at de skal vænne sig til at være jordiske mennesker og have en fysisk krop.

Det er vigtigt at have dette aspekt med, når unge har trivsels-pro-blemer. Disse nye jordmennesker vil ofte kræve helt specielle rammer for at kunne udvikle sig harmonisk. Mange, nogle kan også have kendte diagnoser som ADH, autister, høj-sensitive, kræver meget ro og struktur for at kunne trives. De har ofte brug for en mere stille væren, og de bliver udfordret af det almindelige fysiske liv med en presset hverdag.

De bliver overstimulerede af indtryk og energier. Det er vigtigt, at vi indretter en verden også for dem, så de også kan udfolde deres fine væsen, så de kan finde glæde og forståelse. Håbet er, at en forståelse omkring disse børn og unges specielle behov, lang-somt vågner, så skoler, institutioner og uddannelser bliver mere tilpasset en følsom og sensitiv energi. Det kunne blive til glæde for alle, en berigende og nødvendig udvikling.

Langt de fleste af os har brug for mere ro, flere pauser, tid til fordybelse. Mange af os har fået et mere sensitivt sind og energisystem, og vores tid er præget af alt for meget fart og travlhed. Vi må indrette vores samfund, så det er i harmoni med vores bevidsthedsudvikling, hvor vi er mere åbne, følsomme, sansende væsener.

Tænk, hvis der var nogle politikere, der kunne tage fat i det og gøre det til et tema. Samfundsudviklingen kalder på, at de mere feminine kvaliteter kommer i højsædet.

Inspiration fra stjernerne

Med stjerneenergiens åbning ind i vores væsen vil nye horisonter træde ind i vores liv. Vi er pludselig delagtige i et stort kosmisk liv. Vi kan mærke, sanse liv i andre stjernesystemer. Vi bliver inspireret af helt andre livsformer og forståelser. Ofte er der mulighed for stor inspiration indenfor kunst, teknik, sundhed – videnskab i det hele taget. For mange vil inspirationen måske ske på et ubevidst niveau, det opleves ikke mindst indenfor kunsten. Men med tiden vil al forskning kunne trække på de mange kilder, den viden, som stjerne entiteter stiller til rådighed for os.

Men vi skal jo være parate til at modtage inspirationen, så store, nye opfindelser ikke bliver misbrugt. Det kræver en udviklet moral og indre etik - en evne til at tænke på almenvellet og ikke den enkeltes vinding. Grådighed og egoisme må ikke herske. De teknikker, der med tiden kan udvikles med hjælp fra åndelig side, rummer stærke kræfter, der kan blive destruktive, hvis vi ikke har det rette kompas at styre ud fra. Udviklingen må gå hånd i hånd med en indre modning i menneskeheden. Det kræver en åbning af de højeste chakraer, ikke mindst hjerte chakraets evne for empati og medfølelse med alt levende. Det er forudsætningen for, at den storslåede indre inspirations strøm kan komme igennem til jorden fra stjerneverdenen, og fra åndelig side i det hele taget.

Dette afsnit rummer ingen øvelser. Kontakt til stjerneverdenen skal komme organisk indefra og må ikke forceres. Det kan også være en god ide at arbejde med at etablere kontakten i kursussammenhænge, hvor der er en trænet underviser.

Stjerneverdenen rummer mange væsener. Langt de fleste af dem, der ønsker kontakt med os jordmennesker, er højt udviklede og ønsker at hjælpe os, men der findes også laverestående energier, der kan trænge sig på. Det er vigtigt, når vi kontakter stjerneverdenen, at vores energi er så ren og lys som muligt. Ikke mindst er det vigtigt, at vores tankeklima er renset for negative og destruktive tanke energier. Når vi nærmer os højt vibrerende bevidstheds tilstande, vil der være kort vej fra tanke til manifestation. Tankerne bærer en stor kraft i sig og kan vende sig mod os selv som en boomerang. Vi tiltrækker de energier, vi selv sender ud.

Månekræfter

Månen er vores nærmeste himmellegeme, "rumvæsen". Vi er i kontakt med mange af universets energier, og det gælder i helt særlig grad månens energier. Månen rummer et helt særligt liv. Vi kender til dens fysiske indvirkning på jorden, dens påvirkning af vandelementet på jorden. Men der er også andre kræfter, der arbejder.

Månens overflade virker helt død, men der lever æteriske væsener, som har samme livsformer, som mange af de væsener, der lever i vores indre jord. De har gennemlevet forskellige udviklinger, nogle er højt udviklede, andre mere primitive.

Det er muligt at kontakte de højtstående væsener og få kontakt med deres særlige rigdom af oplevelsesevner. De har skabt en unik måneverden, som udstråler stor lethed og variation, et stadigt liv af bevægelse, farver og former. For det indre øje er det en æterisk, magisk verden. Udstrålingen er let og feminin. Astrologien fanger karakteren af månekræfterne, de feminine aspekter er dominerende.

Energetisk er vi jordmennesker i stærk kontakt med månekræfterne. Fysisk er vi tæt på, og evolutionsmæssigt er vi knyttet sammen. De højerestående væsener på månen korresponderer med energivæsener på jorden, de har samme oprindelse. Og jo mere vi fysiske jordvæsener bliver bevidste i vores eget energivæsen jo, mere vil vi kunne fornemme og udveksle med månevæsnerne.

Måneenergien er smuk, let og levende, skaber helhed og balancerer vores indre kropsvæsker. Den healer vores krop, og den åbner til en større bevidsthed og integration af vores egen feminine energi, og det gælder naturligvis både mænd og kvinder. De gamle kulturer kendte, kender til månekræfterne, og i forskellige spirituelle kredse fejres månefaserne stadigvæk, og der lægges betydningen i de forskellige månefasers energi. Nymåne er tid for nyskabelse, som fuldendes ved fuldmåne. Fuldmånen belyser vores ubevidste sider og skaber mulighed for forløsning og transformation af skyggesiderne   .

Vi kan alle med udbytte bade i månestrålernes smukke lys og forene os med vores nærmeste himmelvæsen. Her er en enkel lille øvelse. Sæt dig og mediter en måneklar nat, gerne ved fuldmåne, hvor energien er kraftigst.

Øvelse 15 Månebad

1. Forbind dig med månestrålerne, bad i dem, lad dem gennemstrømme dig

2. Mærk strålernes energi. Kan du mærke, hvordan de påvirker din fysiske krop, dit sind, din energetiske krop. Hvilke følelser fremkalder de i dig?

3. Forbind dig dybere og dybere ind til månen som det væsen, den er.

4. Lad til sidst månestrålerne heale dig med deres blide, silkebløde, smukke energi. Og tak i dit indre månen for healing og samarbejde.

Kosmiske rejsende

Den ny bevidsthed bringer os i en langt dybere kontakt med universets stjerner, planeter, måner. Det er en kontakt som hjælper vores klodes udvikling, men den er også en givende udveksling for universet. Vi er jo en del af et galaktisk fællesskab, der er i en stadig indbyrdes udveksling. Alt registreres i dette fællesskab, også ethvert nyt skridt i jordens udvikling. Det skaber stor glæde, når vores bevidsthed vokser hen imod større åbenhed, og oplevelsen af enhed vokser.

Vi er kosmiske væsener, og med tiden vil vi melde os mere direkte ind i det galaktiske fællesskab. Der er allerede mennesker, der er i stadig udveksling med universet. De kontakter og forbinder sig energetisk med andre civilisationer i universet, de åbner energiporte for os andre.

Med tiden vil vi blive i stand til rejse i vores fysiske krop i universet. Det er der kun meget få, der er i stand til på nuværende tidspunkt. Det kræver, at vores fysiske krop har opnået en høj grad af æterisk finhed. Men vi er mange, der kan rejse i universet med vores bevidsthed. Når vi "rejser" på den måde, bruger vi den del af vores energilegeme, der udgør vores højere bevidstheds legeme. Dette legeme er ikke underkastet de fysiske love som tid og rum, alt sker øjeblikkeligt. Vi kan nå en anden stjerne civilisation på et splitsekund.

Jorden ER blevet global, vi rejser fysisk, og med internettet er vi i en øjeblikkelig kontakt med hele jorden, nyheder fra hele jorden når os på ingen tid. Og vi sender raketter ud i rummet. Det er en svimlende udvikling, jorden har været igennem de sidste 50 – 100 år. På samme måde vil hele vores univers med tiden blive en levende del af vores bevidsthed. Vi vil blive mere og mere bekendt med civilisationer i andre dele af vores univers, og vi vil udveksle viden, kunst og teknologi, vi vil samarbejde med de nye verdener. Samarbejdet er allerede i gang, nu foregår det på de indre planer, skjult for de fleste. Men flere og flere oplever en direkte kontakt med de inspirerende nye verdener. Og mange inspireres indirekte, når de sover eller i få øjeblikke af åbnende inspiration.

Der er allerede etableret energiporte, overgange til de vigtigste stjernesystemer, som vi er forbundet med. For mange er Sirius, det stjernesystem, de føler sig i tættest kontakt med.

De 2 Sirius stjerner har fra tidernes begyndelse spillet en vigtig rolle for jorden, de har stået klart og lysende som en stjerne på aftenhimlen. Både Atlantiskulturen og den ægyptiske kultur var i tæt kontakt med Sirius. Og den er stadig den vigtigste univer-selle inspirationskilde for os.

Sirianerne er optaget af jorden, og de er mestre i at integrere stof og ånd. De arbejder med at manifestere og eksistere i forskellige dimensionslag samtidigt, alt det vi som menneskehed skal lære at mestre. De kan bibringe os ny viden, og deres klarsyn i forhold til jordens problemer kan hjælpe os med at skabe overblik og in-spirere til nye handlemuligheder. De føler sig stærkt knyttet til vores jord og hele vores udviklingsproces. Og vi er mange, der har en energetisk kontakt til Sirius igennem tidligere stjerneliv.

I deres templer hersker en ophøjet og fredfyldt energi, præget af deres store viden om krystallernes transformationsevner. De ar-bejder med de enkelte krystallers muligheder ud fra deres form farve og vibration. Jeg har på mine stjernerejser fået lov til at se kæmpestore, smukt farvede krystaller i de smukkeste tempel-rum. Jeg har også på mine rejser besøgt krystalgrotter med mange forskellige krystaller, energien er uendelig stærk og intens.

Krystallernes stærke kraft og åbnende energi bruges ceremonielt til at nå de højeste bevidsthedstilstande, deres krystallinske struktur åbner til de inderste essens energier.

Kontakten til Plejaderne og Arcturus spiller også en vigtig rolle for vores udvikling. De er begge højt udviklede kulturer, og de ønsker at formidle stor kærlighed og indsigt til jorden.

Arcturianerne er højt udviklede på det teknologiske område, og indenfor healing er de mestre. De arbejder avanceret med en slags bevidstheds-laserenergi, som de projicerer ind i kroppen, og samtidigt har de en smukt udviklet hjerte-energi.

Plejade-energien inspirerer os dybere ind i kontakt til de organiske vækstkræfter, og de inspirerer mange kunstnere med en frodig, magisk og kærlighedsfyldt tilgang til livet.

De 3 stjerne civilisationer har alle taget det udviklingsskridt, som jorden står overfor. Derfor er der så meget inspiration at hente til det løft, der skal få vores jord til at lyse, så vi kan skabe et mere fredfyldt og glædesfyldt liv for alle mennesker på jorden. Vi har kun set starten på den store udvikling, hvor vi mere bevidst kan indtage universet som kosmiske rejsende i ånd og bevidsthed, og hvor vi kan spejle os i galaksens andre store civilisationers fremskridt.

9. Jordens indre væsener

At møde de indre væsener

Som et sidste kapitel vil jeg åbne for en kontakt, som jeg for nyligt og ganske overraskende har fået. Den har været givende, og den har givet inspiration til min oplevelse af vores jordklode som en levende organisme med en stor mangfoldighed af enestående, levende væsener. Den har givet mig en øget ømhed for vores fantastiske Gaia væsen, der er så smuk, og som vi er så levende en del af.

Vi er beboere på vores blå klode, der svæver smukt i himmelrummet. Vi bebor dens overflade, men kun få er vidende om det liv, der findes i jordens indre. Flere og flere fatter interesse for det, og der er kommet adskillige beretninger frem om mennesker, der har oplevet kontakt med væsener fra jordens indre.

Jeg vil i det følgende beskrive de oplevelser, jeg har haft, og jeg har erfaret, at en del stemmer overens med det, andre har oplevet. Det er et felt, der ikke kan dokumenteres, men det må erfares som indre oplevelser, der har en konsistens, en sandhedsværdi for den, der oplever det. Og så må andre blive inspireret og måske mærke en resonans, eller bare lade det ligge i det ukendte og skjulte, det for mærkelige.

Vi starter dybt inde i jordens indre, hvor også videnskaben er enig i, at der findes en flydende masse. For det clairvoyante blik fremstår det som en sol, en indre sol, der består af glødende, plasmalignende stof og rundt om denne glødende gyldne masse viser et strålende krystallinsk felt sig. Det er et indre, der forbinder sig med de allerhøjeste energier i universet.

Vores jord har et strålende indre, som vi kan kontakte og forbinde os med. Det er blevet kaldt jordens indre gral, jordens indre sol, og det er i kontakt med alle dele af universet. Og den har den allertætteste kontakt til vores fysiske sol, vores livgivende formidler af energi.

Jeg har tidligere beskrevet os som solvæsener, vi er i vores essens et udtryk for solenergi. Inderst i vores celle er vi koblet til solens energi, fra solen overføres energi til vores legemer. Og på samme måde belives jordens indre af solenergi. Igen i det store så i det små.

Med vores æteriske krop kan vi rejse i jordens indre, vi kan forbinde os med de store ophøjede, voldsomme energier. Krystallaget omkring ildkernen reflekterer også ind i vores cellers struktur og vores krops store indhold af krystallinske vandmolekyler. Jordens indre giver os en strålende mulighed for at opgradere vores eget energisystem og samtidig skabe en øget forbindelse mellem jordens indre og vores eget liv på den ydre jord.

I de kommende årtier vil det være vigtigt at skabe en øget bevidsthed og forbindelse med jordens indre. Kaldet er der, og flere og flere har hørt det. Jordkloden er i sin opstigningsproces, og vi er i vores proces. Vi er en levende del af vores klodevæsen, den er afhængig af os, vores liv og udviklingsproces og vice versa. Med øget samarbejde kan vi støtte hinanden og forhåbentlig finde en form for fodslag. Vi har brug for en dybere kontakt til jordens indre, og Gaia har brug for det.

Vores klodevæsen, Gaia, ånder med sit universelle åndedræt, som skaber bølgende bevægelser ud i rummet. Og Gaia fanger de stærke impulser, som universet i øjeblikket sender til jorden, både til Gaia som klodevæsen og til os som menneskehed.

Gaia er tilsyneladende kommet meget længere i sin udviklingsproces, end vi er som menneskehed. Der er et misforhold, som er med til at frembringe de dramatiske og stærke klimaændringer på jordens overflade, som vi i øjeblikket er vidne til. Storme, oversvømmelser, tørke, vulkanudbrud, tsunamier, vejrrekorder er blevet hverdagsnyt. Der er opbrud i vejrsystemerne. De er fremkaldt af vores uforstand i forhold til forurening og (over)forbrug i det hele taget. Og de må også ses som justeringer fra jordklodens side. Den arbejder hårdt på at bevare og genskabe balance.

Det er essentielt for os som menneskehed at få et dybere forhold til vores klode som et levende væsen.

Her er en øvelse, der træner dette nærvær.[20]

Øvelse 16 Vores levende klode

1. Træk vejret dybt og forsøg efter et stykke tid at få et billede af vores jord som et væsen, der bevæger sig i sin bane rundt om solen.

2. Gå dybere ind i kontakten med Gaia, mærk hendes puls og prøv at få kontakt med hendes atmosfæriske liv – vejrsystemerne, der pulserer rundt om den, med havene, ørkerne, bjergene, skovene. Måske kan du mærke polernes tiltrækningskraft. Sid en tid i en stille kontakt med Gaias mangfoldige liv. Hvad dukker op?

3. På et tidspunkt er du klar til at gå dybere ind i jorden, nærme sig dens kerne. Giv dig god tid til at trænge gennem jordoverfladen og dybere og dybere ind mod jordens indre centrum. Mærk forandringerne undervejs.

4. Nu er du i jordens indre, mærk de vældige kræfter, der sender stærke energibølger igennem jordens masse, energier som forplanter sig ud i universet. Hvilke energier kommer du i kontakt med?

---

[20] Se også øvelse 12 i afsnittet Gaia Indre i kap 8: At møde Gaias Indre

5. Afslut øvelsen med at se vores smukke blå klode som en levende kugle, der svæver i sin bane i universet. Omfat den med velsignelse og hvidt healende lys.

Denne øvelse træner vores evne til at mærke, forstå, sanse jorden som et levende væsen. Et væsen, der lever og ånder i universet på samme måde, som vi gør. Den rummer alt det liv, vi ser og kender, men også alt det liv, som endnu er skjult for mange af os.

Hilsen fra Indre Jord

På jordoverfladen findes en mangfoldighed af væsener, og således er det også i jordens indre. Her findes væsener med et helt anderledes stofskifte og en helt anden struktur end den, vi kender. De kan trives i iltfattige omgivelser og vibrationsmæssigt er de meget forskellige. Der er "tunge" områder, som i udviklingsgrad ligger under det, vi kender på jorden. Væsenerne dèr lever i lommer, hvor mørket har hersket og meget lidt udvikling er kommet igennem. De har brug for at blive åbnet for lys og udvikling. Vi kan med bevidst renselsesarbejde og healing være med til at "oplyse" disse områder med tyngde og mørke.

Hovedparten af jordens indre er "befolket" med mere højt vibrerende væsener, der har valgt en anden udviklingsvej end vores. De er mere æteriske, de er ikke begrænset af vores 3 dimensionelle struktur. De kan bevæge sig igennem jordens masse, og de har evnen til at tilpasse deres legemer alt efter forhold og lokation. De lever i ordnede samfund, og de søger som vi kontakt.

De mærker, som vi gør det, behovet for udvikling. De mærker behovet for at udvikle følelsen af helhed, at blive èt med Gaia som klodevæsen. De mærker længslen efter at mærke, hvordan alle væsener på kloden er forbundet, hvordan vi supplerer hinanden og skaber enhed. Samhørighed i den rige mangfoldighed. Længslen er i fokus, længslen efter at mærke universets store lysende sammenhængskraft.

Nogle af den indre jords væsener er højt udviklede, og de har i tusinder af år været med til at løfte Gaias energi. Vi er ved et vendepunkt, hvor vi med vores bevidsthed og indre intuition kan skabe et netværk af sammenhængskraft imellem alle dele af jordens udviklingsbevidste liv.

Jeg kan anbefale disse indre jords-rejser. Det er en ny og anderledes verden, der åbnes for os. Stærke indre landskaber og anderledes væsener, hvor mange kan have brug for en healende kontakt. Det er en verden, der er lige så facetteret som vores ydre jords mange scenarier og landskaber.

Søren Hauge har i sine bøger nærmere beskrevet Sidhe[21] folket med deres særlige opgaver, vores fælles ophav, og hvordan kontakten er stimulerende for os og for dem.

Mange af de indre jordvæsener virker fremmedartede, men det er vigtigt at forstå, at de er rundet af den samme udviklingsspiral, som vi er. Og vi er knyttet sammen igennem vores fælles klodevæsen og den udviklingsproces, som det gennemlever. Vi er alle på vej op ad bjerget, hvor vi til sidst kan blive forenet med vores

---

[21] Læs mere hos Søren Hauge: Sidhe – Elverkraften. Lemuel Books

inderste lysende livsgnist, der er et udtryk for den guddomme-
lige skabelse.

Jeg har igennem mine indre jordrejser været i kontakt med nogle
af beboerne. Og jeg har modtaget budskaber, kanaliseringer fra
en af de højtstående beboere. Jeg videregiver her den første kana-
lisering.

Kanalisering – Den Flydende Identitet

Jeg kalder mig Mii, jeg er fra den indre jord, tæt på det centrum,
som er den lysende del af vores klode. Vi er alle klodevæsener,
og vi ønsker kontakt med jer på jordens overflade. Vi lever i et
samfund, som er velordnet, vi er ældgamle, vi lever i århundre-
der og vores legemer bliver hele tiden gendannet, hvis der opstår
sygdom.

Vi er æteriske i vores energi, det giver os mulighed for at rejse
uhindret rundt i jordens indre. Vi har opbygget et stærkt og
smukt samfund, men erkender også, at nu er det tid til foran-
dring. Vores årtusind lange civilisation er på vej mod opløsning,
og vi erkender at en ny tid og udvikling vil kræve, at vi åbner for
en ny levevis, hvor vi i højere grad blander os med andre væsner
i universet, ikke mindst på jordens overflade.

Vi kan tilføre jer store indsigter i forhold til vores kroppes form
og i forhold til at have en mere flydende energetisk identitet. Og
jeg tror, at I kan tilføre os mere dynamik og udviklingsenergi. Vi
må jo nok erkende, at vores samfund har været lukket i århund-
reder, og det er blevet en lukket boble. Vi har kontakt med andre

grupper i indre jord, men der er en tendens til, at vi forbliver af-grænsede i forhold til hinanden.

Vi vil have fokus på mere samarbejde i forhold til alle væsener i universet. Vi hylder enhedstanken, vi er èt, og vi skal ære og elske hinanden. Vi kender vejen mod den store oplysning, og vi må igen aktivt betræde den.

Vi glæder os over at kunne meddele disse tanker til jordklodens øvrige beboere.

Vi hilser og ærer jer alle
Mii

Det er også en ære for mig at kunne videreformidle denne kontakt. Det er smukt at mærke, hvordan budskabet klinger sammen med de tanker, som spirituelt søgende her på jordens overflade har.

Jeg har ligeledes haft kontakt med Sidhe væsener, der lever tæt på og ovenpå jordoverfladen. De har en evne til at være både i jorden og ovenpå. De lever deres enkle og legende liv i organisk kontakt med naturen og elementerne. De har en dyb og ærefyldt tilgang til naturen, og de ønsker også at styrke kontakten til os jordmennesker. De har også meget inspiration at give videre til os, og de oplever, at vi med vores spirituelle åbenhed og univer-selle tilgang kan åbne deres verden mod en oplevelse af større helhed og universalitet.

Jeg vil slutte med endnu en kanalisering fra Mii

Kanalisering – Enhed på Jorden

Kæreste jordvæsener.

Det er en stor ære at kunne tale direkte med jordmennesker, vi har ventet på denne mulighed i århundreder, og nu er muligheden endeligt kommet for os her i dette samfund, men også for andre repræsentanter fra indre jords samfund.

Vi mærker sammenhæng og vi mærker, hvordan vores jordklode bringer os sammen på trods af forskellige livsformer og livsudtryk. Vi er èt, vi er i højere og højere grad i stand til at være i en universel energi, hvor alt bindes sammen. En energi, der er uden grænser, uden afstand og uden fordomme og modstand.

Vi ønsker at leve i fred og fordragelighed, og vi ønsker at dele dette dybe fredsønske med alle jordens væsener.

Vi er på vej ud af vores puppe, og vi opdager den ydre verden med åbenhed og med et stærkt ønske om samarbejde.

Vi hilser jer og ærer jer og jeres samfund.

Mii fra den indre jord

Endnu engang udtrykkes den dybe længsel efter fred og samarbejde, og dermed længsel efter forening med alt levende som det endelige mål. Det er målet og visionen for os som menneskehed, for den indre jords beboere og for vores fælles klode, Gaia.

Vi er en fælles levende del af universet, og i den samklang vil vi åbne os for vores endelige forening med vores guddommelige kerne.

Igennem min kontakt med den indre jord og specielt til Mii`s samfund, fornemmer jeg en stor harmoni og fred. Jeg tror, at adskillige af de indre samfund har meget inspiration at give videre netop i forhold til at skabe fredelige forhold. Vi må jo sige, at i vores ydre samfund er det kollektive liv præget af store problemer. Konfrontationer mellem samfundsgrupper, kriser og krige mellem nationer. Vi har meget at lære! Det er smukt at opleve disse indre samfund, hvor de har formået at hæve sig op over ufred og konfrontationer.

Afslutning

Som afslutning vil jeg sige tak til jer læsere for jeres deltagelse, jeres medvirken og tålmodighed. For nogle af jer har det været enkelt at forbinde jer til bogens forskellige temaer. For andre har det været vanskeligere. Under alle omstændigheder håber jeg, at læsningen har bragt inspiration og lyst til at gå dybere ind i de magiske verdener.

Vi er alle forskellige steder på vores udviklingsrejse, ofte bliver vi udfordret, og ofte må vi slippe de vante forestillinger, fordi nye indsigter og forunderlig viden presser sig på. Sådan er det i hvert fald for mig. Den indre verden presser sig på, og det ydre syn på verden kollapser. Jeg tror, at for mange af os gælder det, at vi må finde nye holdepunkter i vores liv, nye perspektiver for vores væren i verden. Vi må finde et nyt styresystem for vores liv, det gamle 3d-styresystem er forældet og på vej til at kollapse.

Jeg tror, den kommende tid bliver turbulent på mange fronter, ikke mindst i den ydre fysiske verden. Her kollapser det også. Derfor er det også vigtigt at have et godt indre fundament, så vi står godt med en indre vished og en kontakt til de højere sandhedslag, der er en del af os. Det er godt at mærke vores kontakt dybt ned i jorden og vores forbindelse med vores højeste essens, så står vi godt!

For mig er overgivelse en vigtig kvalitet. Uden overgivelse og tillid til en indre højere bevidstheds kraft er det svært at flytte sig og mærke de store gaver, som den spirituelle udviklingsvej er så rig på. Jeg håber, bogen har været med til åbne et perspektiv til

den mange-facetterede verden af muligheder, som den indre ud-
viklingsvej giver adgang til. Den allervigtigste gave er skabelsen
af et stærkt indre fundament, hvor indre fred og balance er i cen-
trum. Herfra kan vi leve i det ofte forvirrende og forstyrrede fy-
siske liv med større klarhed, overskud, glæde og harmoni.

Vi er på vejen, vi skaber vejen, vi er vejen.